U0084512

台灣俗語鹹酸甜

第四冊

100 chhiám

Siau Lah-jih
蕭平治　著

林俊育序

　　眞歡喜 mā 眞光榮，蕭平治老師 ài 我寫《台灣俗語鹹酸甜》第四冊 ê 推薦序，伊講 chit 100 chhiám 已經刊載 tī 台語信望愛網站（http://taigi.fhl.net/Gangi/）chiok 久 à，由俊育兄來紹介 siōng 適合。蕭老師算是我 ê 台語文前輩 kah 好朋友，阮 koh bat tī 中山醫學大學台語系同事過（2004~2007），chit 本冊 koh 是 beh 由專門出版台語文冊 ê 前衛出版社出版，當然無推辭 ê 理由。Tāi 先 tiòh 恭喜蕭老師 chit 本新冊 ê 出版！

　　感謝上帝 ê 恩典，2004 年 tī 信望愛網站下面架設「台語信望愛網站」，免費提供台語文發表 kah 推廣台語文 ê 平台。Hit 時，蕭老師送我《台灣俗語鹹酸甜》第 1~3 冊（彰化縣賴許柔文教基金會出版）。Wah-sah，蕭老師用伊日常所 tú-tiòh ê 小故事，套用咱祖先留 hō͘ 人 ê 俗語，對無好 ê tāi-chì koh 有良心 ê 苦勸、警誡，koh tī tàk 篇後壁附註台語 ê 解說，hō͘ 讀者有眞貼心 ê 感覺，jú 讀 jú 趣味，mā 就 án-ne 學 ê 曉台語。

　　蕭老師用文字 m̄-nā 是台灣民間所 teh 講 ê 話，koh 用「漢羅 lām 寫」，無受漢字 ê 束縛；這是目前台語文書寫 ê 趨勢，是「王育德主張，鄭良偉提倡，鄭良光出版《台文通訊》來實踐，台語信望愛網站招大家來實現」ê 台語文。

蕭老師講伊有 teh 繼續寫，我就招蕭老師來台語信望愛網站設「台灣俗語鹹酸甜」專欄，kā 它貼起 lih 網站 kah 大家分享，伊一聲 tȯh 答應，hȯ͘ 台語信望愛網站增加光彩，mā 是每工平均點閱人數有 2,000 gōa 人 ê 功臣之一。後來，我漸漸發見伊 kah 我全款有「分享」ê 喜樂人生，就是上帝所賞賜 ê，tiȯh 歡喜來 kah 大家分享。

蕭老師有真深 ê「台灣心 台語情」，特別對台灣「在地文化」ê 用心、下工夫，伊到 taⁿ 收集四冊《台灣俗語鹹酸甜》，lóng 是用漢羅台語寫，無親像其它 ê「台灣俗語」冊，kan-taⁿ「俗語」用台語，其它解說、說明 lóng 用中華民國語，失去咱台灣俗語 ê 原味；in 是 teh 服務中華民國語人，咱是 beh 服務咱台語人。這 tú 親像鄭兒玉牧師所講 ê「咱台語受中華民國語政策迫害 kah m̄ 知家己 án-ne 做是 m̄-tiȯh」；mā 親像莊孝盛牧師 tī《Kui 年 kah Jimmy Carter 做伙靈修》出版感恩禮拜中，講起伊去南美 Iguazu 瀑布旅遊 ê 時，tī Guarani 原住民博物館看 tiȯh 真受感動 ê 一句話：「當我失去母語 ê 時，我就成做無靈魂 ê 人。」Chiah-ê 人受中華民國語 ê 阿片中毒，mā 繼續 beh 用 chit-ê 阿片 koh hȯ͘ 伊 ê 同胞 kah kiáⁿ 孫食，實在有夠無良心。咱 tiȯh 來跟 tòe 蕭平治老師 ê 堅持台語寫作，咱台語文 chiah bē 去 hȯ͘ 中華民國語淹死。

漢羅台語文作家陳雷大師 tī《台灣俗語鹹酸甜》第三冊 ê 序「台灣俗語 台灣寶」有講起：「....chiah-ê 大數量 ê 俗語 beh 如何來 kā 它做索引（index），hȯ͘ 讀者 kah 使用者 ē-tàng 真容易來 chhōe 出所需要 ê 某一句俗語，這應該是一个 ài 考慮 ê 工

作。」

　　信望愛網站已經開發眞 chē「查尋工具」，ē-tàng 好好 á 來研究，kā《台灣俗語鹹酸甜》，親像《台日大辭典》á 是「聖經」ē-tàng 做線頂查尋，thang kā 祖先留 hō 咱 ê 台灣文化資產 ê 俗語 koh tī 咱 ê 生活中活起來，這 mā 是我寫 chit 篇序文 ê ǹg 望。

　　　　　台語信望愛網站主編 Lîm Chùn-io̍k／林俊育

楊允言序

　　做台語文事工30外冬，熟似眞濟無爲名無爲利，一心beh復振台語、台語文ê友志，蕭老師是其中一个。蕭老師是國小退休教師，猶未退休進前，爲著beh予國小ê囡仔tī學校會當接觸khah濟台語，伊自願轉做科任老師教音樂，chhōa囡仔唱伊編寫ê台語歌謠。M̄-nā按呢，蕭老師koh編寫台語教材，mā寫眞濟台文作品，尤其是台灣俗語鹹酸甜，攏總有550 chhiám，tī 10外冬前，除了分做3本正式出版以外，蕭老師爲著beh予khah濟人會當看著chia-ê豐富ê資料，mā免費提供予我掛tī我所管理ê台語文網站，予逐家會當透過網路讀著chia-ê俗語，上線10外冬來，平均逐日攏有一千外擺ê點閱。雖然我所講ê已經是10外冬進前ê代誌，m̄-koh蕭老師繼續有teh寫，不管是Blog、FB抑是Line群組，mā不時看著蕭老師ê作品。眞歡喜台灣俗語鹹酸甜第四冊beh出版ah，ùi chia，我看著蕭老師對台語文ê疼心，佮對台語拍死無退ê熱情。

　　　　台中教育大學台灣語文學系副教授，台語文工作者

蕭平治序

　　寫好18冬ê《台灣俗語鹹酸甜》第四冊，總--是boeh出冊--à，實在有夠歡喜。

　　1997年6月12日，呂興昌教授招我去伊ê網站tàu寫俗語鹹酸甜，教授半鼓勵半強迫引chhōa學生入去思考台灣俗語內涵世界，佇250工時間寫出250攤台灣俗語鹹酸甜，教授閣khan-khioh去參加教育部獎勵漢語方言研究著作，得著佳作kap五萬箍獎金，hō我愈寫愈趣味愈有心得，到2000年大約3年久時間連續寫600攤，了後為著2001年國小實施母語教學，開始創作適合國小學生ê台語教材，tō無閣寫。

　　1999、2000、2001連紲三年，財團法人彰化縣賴許柔文教基金會幫我出版《台灣俗語鹹酸甜》第一冊第二冊第三冊，總共550攤，其中50攤是呂興昌教授ê作品。

　　想bē到尾手chit 100攤，經過18冬，總--是boeh出紙本冊，實在有夠歡喜。

〔目次〕

001

搖人無才，搖豬無 thâi。

「又閣 leh 搖--ā，坐，m̄ 恬恬（tiām）坐，讀，m̄ 認眞讀，兩肢跤 khòk-khòk 搖[1]，khòk-khòk chùn[2]，是顫（chùn）beh chiūⁿ 童[3]--ā hioh！

坐 hō͘ 好，坐 hō͘ 正！…按呢 m̄-chiah 著。」

坐 hō͘ 好，會 hông o-ló；坐 hō͘ 正，chiah 會得人疼。各位小朋友，親像紀奇圳按呢，坐，m̄ 恬恬坐，讀，m̄ 認眞讀，兩肢跤親像 an 發條[4]，不時都 sìm 一下[5] sìm 一下，無時閒，m̄ 但歹看相[6]，閣會讀無冊[7]，恁講好也 m̄ 好？

m̄ 好！m̄ 好！阮 chiah bē 按呢--leh，老師！猶有，陳文豪、高俊秀、林詩娥嘛攏會 phí-phí-chhoah--ō͘。

Che 攏是歹習慣，歹習慣若養成，實在誠歹改，過去有一个學生，kap 紀奇圳全款，一日顫 kah 暗，無法度，in 爸母拜託老師，上課中，用索仔 kā 伊 ê 跤縛 tiâu[8]--leh，經過兩禮拜，chiông 按呢[9] bē 閣顫，紀奇圳，你若 beh 改，會使 chit 叫恁阿爸 kā 我講，就用 chit 步方法，好無？

「搖人無才，搖豬無 thâi。」人若搖搖擺擺，m̄ 是 lô͘-môa[10]，就是無大才[11]，會 hō͘ 人看輕，hō͘ 人看無目地，就是會 hō͘ 人『看不起你』啦！聽有無？

老師！哪會講搖豬無 thâi？

豬仔大隻，肥 chut-chut，行著路一定 tìm-táu tìm-táu[12]，就是真穩重，若是飼 kah 瘦 pi-pa，行路 khók-khók 搖，hoaiⁿh 一下 hoaiⁿh[13] 一下，敢會 thâi 得，thâi 無肉，賣哪會有錢，按呢聽有無？

豬若無肥，bē 使 chit thâi，人若無 tāi-châi，就會跤來手來，無時閒，khók-khók chùn，搖無停睏。搖人無才，著改！著改！

【註解】

1. khók-khók 搖：[不停的搖]。
2. chùn：顫動。
3. chiūⁿ 童：童乩起 tâng。
4. an 發條：裝發條（彈簧）。
5. sìm 一下：[抖動一下]。
6. 歹看相：pháiⁿ-khoàⁿ-siùⁿ。
7. 讀無冊：冊讀了無好。
8. 縛 tiâu：[綁住]。
9. chiông 按呢：[就這樣]。
10. lô-môa：流氓。
11. 無大才：bô-tāi-châi，[儀態不夠端莊][缺乏大材之威儀]。
12. tìm-táu tìm-táu：[沈著厚重]。
13. hoaiⁿh：[左右搖晃]。

002
南路鷹，一萬死九千。
（鷹揚八卦[1]）

「各位房長，各位兄弟：逐家閣勞煩巡巡看看咧！看有tòe 無著陣、身苦病疼、傷過thiám 頭[2]--ê 無？一路飛--來誠勞苦，taⁿ 已經來到中部地界，下面就是出名ê 濁水溪，濁水溪過--去，逐家就小chhèng 較koân[3] 淡薄--à，借著春天ê 風勢，然後放hō 伊輕鬆仔飛，像『滑翔機』『三角翼[4]』按呢慢慢仔chhu--落去，連鞭就到半線地頭。八卦山脈ê 地形位置掠hō 好，掠hō 準，遐有一仙大佛爲記，m̄-thang bē 記得。

A-éng！你做頭前趕去八卦山頂探--一下，看有啥物動靜無？是m̄ 是有鳥仔踏[5]，抑是天羅地網，趕緊轉來報告。」

「Eng--á 叔公！我知影，阮隨時就來去[6]！」負責探路顧安全ê A-éng 隨時chhōa 五六个兄弟，向北一直衝，負責ê 精神hō 總領隊 A-êng--ā 感覺眞放心。

無一tah 久仔，探路先鋒 A-éng in 已經幹倒轉[7]來：

「報告 Eng--á 叔公！天氣誠好，風誠順，八卦山頂好光景，今仔日閣是禮拜日，有足濟人來tī 大佛邊附近 leh 散步chhit-thô 看景緻，逐家攏笑微微，歡歡喜喜，無啥物thang 掛慮，而且樹林內無看著鳥仔踏 kap 鳥網仔，做咱放心 kā 紮營[8] 無問題。報告完畢！」

「猶有其他koh樣[10] ê 狀況[11]無?」

「有人ê所在眞鬧熱，無人ê樹林內kan-na有一寡鳥隻tī 遐chhi-chhi chhū-chhū，唱歌lā曲[12]、phōng-chhiak 跳舞，快樂 ê心情比人無較輸。」

想bē到A-éng觀察chiah入心chiah詳細。

「各位房長，各位兄弟：逐家注意聽，紮營ê營地八卦 山tih-beh 到，大佛tī頭前遐有看著--hò n，各房隊長隊伍小整 理一下，chhōe較iap-thiap[13] ê樹林內紮營，m̄-thang óa車路邊， 車路邊人濟、車濟誠危險，而且傷chhap-chảp[14]傷鬧熱會hō 囝仔驚--著，按呢知影--hò n？準備紮營…」

一路飛來千外里，有夠thiám，Eng--á想beh小歇睏一下， 無，遐ê猴囝仔連鞭又閣吵beh聽講古，就無thang歇喘--lờ。

「喂！慢且是--leh lah！危險--ờ！各位隊長，趕緊叫逐家 閣飛koân，m̄-thang落基地，有聽矣無？危險啦…」

開路先鋒A-éng hit五六个兄弟緊張kah清汗[15]一直流， 喝kah giōng-beh sau聲[16]：

「Eng--á叔公！較緊khit來！你看he體育場東爿，遐ê人 群是leh創啥？i-i o-o，喊喊喝喝，亦有chhāi旗仔[17]，亦有 搭布篷仔，有人提望遠鏡，有人kí-kí tủh-tủh[18]，每粒頭殼攏 khiàn-thian khiàn-thian[19]向ùi咱遮來，大概無好空[20] ê款--ō， 看破趕緊斡方向，徙ùi別位--來去！」

「張持[21]（細膩）無蝕本，恁ê顧慮誠著，m̄-kú ta n臨時 臨iâu（lāu）beh 徙去toeh?…小等一下，緊事khoa n辦[22]，mài 急mài緊張，hō 我斟酌看詳細，chiah做決定。」

「hờ！」

Eng--á 有影是老經驗，總領隊就是總領隊，實在無簡單，看伊老神在在，飛 tiàm 半空中，thián 開[23] 伊利劍劍 ê 鷹仔目，巡視著八卦山頂每一跡，尤其是人濟 ê 所在，伊特別注意，特別注神 tī 人 ê 穿插[24] kap 面腔目[25]，看 in 逐家穿 kah súi-tang-tang，m̄ 是「休閒服」，就是運動衫褲，面容像春天 ê 花蕊，歡頭喜面，不時都看對有鷹仔 ê 所在，喙笑目笑，指指揳揳（kí-kí tùh-tùh）；ah 有--ā！『鷹揚八卦』ê 橫批隨風 phiàt[26] 來 phiàt 去，ah he 是 leh 迎接阮來到 chit 啦！

是 leh 迎接阮，無 m̄ 著！著！猶有幾个仔熟似面--ē，著！he 就是愛阮鳥仔族 ê『鳥盟』人士，ah！嘛有外國人--neh，攏是 leh 迎接阮！攏是 leh 歡迎阮！莫怪 chiah-nih 鬧熱，人 chiah-nih 濟，比舊年有較濟無較少。

Eng--á kui-ê 心肝頭開了了，心情做一个輕鬆 khit 來，ta^n，免驚，kap 舊年全一樣，有驚無危險：

「Eng--á！趕緊廣播，請逐家免著驚，放心仔安營，he 是 leh 歡迎咱--è，做恁免驚，bē kā 咱害啦！in chiah-nih 大陣人集合 tī 遮，就是等 beh 看咱 ê 風采，beh 欣賞咱 ê 技術，飛行 ê 美姿。

交代落去，叫逐家慢且是歇睏，表演 hō͘ in 看，看咱鷹仔族 ê 鬧俳[27]，無論飛 koân 飛 kē，孤一隻抑是掠相排，thián-sit[28] 飛向天，抑是 iap 尾[29] 飛衝落地，se̍h 圓箍仔、捙畚斗，若歡喜就做恁 ki-ki 吼，唱出歌聲 hō͘ in 聽，免客氣免驚惶，隨在恁 chông[30]，隨在恁 kek khong[31]，人客看了若爽，就

無枉費咱來 chit-choàh， 來遮 kā in chak-chō[32]--lò！」

自按呢天頂 kap 地上做伙 hi-hi hoa-hoa， 喊喊喝喝， 歡喜寫 tī 面腔， 天頂飛 kah chhiâng-chhiâng 滾， 八卦山頂 ê 每一人攏笑 bún-bún。Eng--á 叔公 in 鷹仔族今仔日上歡喜，台灣人 ê 面子今仔日趁了上富裕，『鷹揚八卦』自按呢揚名國外。

「阿公！你今仔日上蓋歡喜--hoⁿ！」

欲暗仔鷹仔族安營好勢，八卦山頂回復恬靜，chhun 遐 ê 細隻鷹仔猶 leh 無時閒，ki-ki kā-kā 一直吵總領隊 Eng--á 叔公 tiòh-ài 講古 hō͘ in 聽：

「定著有故事 beh 講予阮聽--e，阿公！阿公！阮 beh 閣聽你講古啦！…逐家 phòk-á 聲拍 hō͘ 響，阿公 beh 講古 hō͘ 咱聽--à！」

phòk！phòk！phòk！phòk！phòk-á 聲拍無停……

「好！好！好啦！beh 講就來講：古早古早，咱 ê 祖先 tòa-tiàm 北方眞遠眞遠 ê 所在，爲著 beh hō͘ 咱 ê 囝孫有較好 ê 生活環境，每年攏 tī 秋天時 ùi 咱 ê 故鄉起程，飛向南爿 beh 去南洋度假，kā 怹遮 ê 序細飼 hō͘ 大隻閣健康，教怹生活 ê 才調[33]，hō͘ 怹家己會當獨立，tī 隔轉年 ê 春天，chiah 閣 chhōa 怹轉去故鄉，kā 怹完成婚事，生湠咱 ê 族群，保持咱灰面鵟鷹（Butastur indicus）ê 傳統 kap 特質。

每一年 tī 落南抑是上北[34] ê 路上，咱攏 ài 借台灣 chit 塊 Formosa 土地暫時歇睏，習慣上落南歇 tī 屏東恒春一帶，chiūⁿ 北就歇 tī 咱 chit-mái 歇睏 ê 八卦山頂。」

「阿公！阮較愛歇 tī 彰化 ê 八卦山頂，無愛歇屏東 kap 恒

春。」

「爲啥物？」

「八卦山頂有人歡迎，好 sńg 好 chhit-thô，屏東恒春遐誠危險，有鳥仔 tah，嘛有網仔會予阮 bē tín 動，有夠驚死人 --ê neh！」

「恁因仔人 m̄ 知影鳥仔 tah kap 鳥網仔有偌厲害，kan-na 知影會 hō 恁 bē tín 動，無 thang sńg，無 thang chhit-thô--niâ，he 是 beh-tih 咱 ê 性命[35]，恁敢知？」

「有影--ò！ah tī 半線八卦山頂，哪會攏無鳥仔 tah kap 鳥仔網？閣有 hiah 濟人來欣賞咱 ê 飛行，按呢 m̄-chiah 有趣味好 chhit-thô。」

「是時代 leh 進步，人類已經有保育 ê 觀念，知影保護咱遮歹命鳥，古早時代咱 ê 祖先就無 chiah-nih 好運，見若飛來到台灣停跤暫歇睏，就去 hō in 剿[36] kah giōng-beh[37] 斷種，恁敢知？南路鷹，一萬死九千…唉！」突然間，Eng-á 叔公煞目箍紅紅，目屎一大滴一大滴流落來……

「阿公！你哪 leh 流目屎？」

「想著祖先 ê 拍拚，爲著生存，爲著尊嚴，無惜性命，甘願犧牲認命，唉！攏是人 ê 無知，煞 hō 咱 liân-hôe[38] 歹命。

古早古早，咱 ê 祖先就教咱愛隨節氣搬徙，寒天時，咱 ê 故鄉寒 sih-sih，誠歹徛起，m̄-chiah 隨人組隊，趁冬季猶未到 ê 秋天，千里迢迢飛過海洋到南洋度假，順紲教恁技藝，kā 恁 chhiâⁿ 大漢，chiah 閣趁熱--人 beh 到進前 ê 春天，搬徙轉來去故鄉，hō 恁少年--ê 完婚生湠，che 就是祖先留落來 ê

傳統，每一kái 經過Formosa 地界，就會去遇著[39]「南路鷹，一萬死九千」ê 災厄[40]，嘛是宿命[41]無奈，好佳哉，chit-mái ê 台灣人已經覺醒，進入文明社會，有野生動物保育ê 觀念，而且經過一寡有心ê 愛鳥人kap 彰化縣政府ê 認真宣傳，得著國際保育界ê 重視，m̄-chiah 有chiah-nih 鬧熱感心ê 活動，向望明年、後年，一直到以後，咱ê 後代囝孫，攏會親像今仔日按呢，平平安安，順順序序來過日，無驚惶，無死傷來經過Formosa chiah-nih súi ê 地界，免歡迎無要緊，mài kā 咱thâi，mài kā 咱掠就真感謝。」

「阿公！哪會kā 咱叫做南路鷹--leh？」

「這是Formosa 台灣人ê 祖先，看咱逐年都ài 飛向南洋去，m̄-chiah 按呢kā 咱稱呼，無歹意啦！taⁿ 誠暗--à，tòe 阿公祈禱了後tiòh-ài 去睏，bîn-á 早起tiòh-ài 閣上路，無，會peh bē khit 來[42]：感謝天！感謝上帝！賜hō͘ 咱平安，賜hō͘ 咱歡喜，過去--ê mài 閣鬱卒，未來--ē，tiòh-ài 拍拚sè-jī。感謝台灣人，感謝半線ê 兄姊，恁ê 仁慈，恁ê 疼心，阮會記得，望beh 恁嘛會當平安快樂，免受恐嚇，免受壓霸，khioh 回[43] 尊嚴，tiòh-ài 家己拚！感謝！感謝！感謝！」

【註解】

1. 鷹揚八卦：eng-iông pat-kòa。
2. thiám 頭：疲勞。
3. chhèng 較 koân：[衝高一點]。
4. 三角翼：三角翼。
5. 鳥仔踏：chiáu-á-tah。
6. 來去！：laih-- 去，走，離開。
7. 倒轉：oa̍t 倒轉，越倒轉（oa̍t 倒轉）。
8. 紮營：chat-iâⁿ。
9. chhu-- 落去：[滑下去]。
10. 各樣：[異樣]。
11. 狀況：chōng-hóng。
12. 唱歌 lā 曲：唱歌拉曲。
13. iap-thiap：[隱密]。
14. chhap-cha̍p：參雜；混雜。
15. 凊汗：chhìn-kōaⁿ，冷汗。
16. sau 聲：破聲；聲音沙啞。
17. chhāi 旗仔：[豎旗子]。
18. kí-kí 指指：[指指揬揬]（kí-kí tu̍h-tu̍h）。
19. khiàn-thian khiàn-thian：[看天張望]。
20. 無好空：m̄是好代誌。
21. 張持：tiuⁿ-tî，斟酌，小心。
22. khoaⁿ 辦：免緊張，慢慢辦。
23. thián 開：展開。
24. 穿插：[穿著]。
25. 面腔目神：面容眼神。
26. phia̍t：[晃動]。
27. hiau-pai：驕傲。
28. thián-si̍t：展翼。
29. iap 尾：[縮尾]。
30. chông：跑，衝。
31. kek khong：[裝傻，賣弄傻相]。
32. chak-chō：[打攪]。
33. 才調：能力。
34. 上北：chiūⁿ 北。
35. beh-ti̍h 咱 ê 性命：[要我們的命]。
36. 剿：châu，斬草除根。
37. giōng-beh：[快要]。
38. liân-hôe：無停 ê 歹命，苦 ê 輪迴。
39. 遇著：gū-tio̍h，拄著。
40. 災厄：chai-eh。
41. 宿命：siok-miā。
42. peh bē khit 來：[爬不起來]。
43. khioh 回：[拾回]。

003

鷹仔虎¹，háⁿ² 死烏鶖³。

鷹仔 tī 台灣人 ê 心目中，無啥好印象，大概是受 bā-hiòh（lāi-hiòh）ê 連累，bâ-hiòh 就是黑鳶（o-ian），中國名叫老鷹，愛食蛇 kap 蜥蝪（sek-tōng），蜥蝪，就是像杜定、狗母 so 蛇、母舅蛇 hit 類 ê 冷血動物啦，嘛時常飛來人家厝⁴偷咬雞仔囝，阮細漢時，若看著 bā-hiòh 飛來 leh 空襲，就趕緊 kā 雞仔囝關 khit 來。有 tang 時仔嘛 bat 看過雞母為著顧雞仔囝，kap bā-hiòh 輸贏 ê 鏡頭，hit 當時，阮攏會去 hō 雞母感動著，母愛 ê 偉大，連動物世界都無輸咱人。

Bā-hiòh 愛偷咬雞仔，是小人行為，所以 bā-hiòh 若去 hō 烏鶖看著，註定愛 hō 烏鶖 jiok⁵ kah 走無路，講嘛奇怪，烏鶖比 bā-hiòh 細隻濟--lò，卻是 bā-hiòh 若 tñg 著烏鶖，就那見著皇帝按呢，甘敗下風，「烏鶖皇帝，bā-hiòh 乞食」ê 簡單唸謠，chiông 按呢 tī 阮囡仔 ê 喙口唸無停，看著烏鶖追 bā-hiòh，追 kah 翻碇⁶去 ê 鏡頭，阮囡仔攏會拍 phok-á tàu 歡喜。

就是一个緣故，bā-hiòh、鷹仔煞黏做伙，「三隻鳥，一隻鷹；三个囡仔，一个海瑞兵。」鷹，煞變做歹鳥 hit 類，非（為）非糝做，親像 lô-môa 全款。其實台灣鷹仔誠濟種，除了 bā-hiòh 以外，赤腹鷹（chhiah-pak-eng）、蒼鷹（chhong-eng）、

松雀鷹（siông-chhiak-eng）、林鵰（nâ-tiau）、蜂鷹（phang-eng）、熊鷹（hîm-eng）kap 上歹運上衰siâu，ài hō 台灣人拆食落腹ê 南路鷹（灰面鷲），in 嘛 m̄ 是攏會偷掠雞仔栽去孝孤[7]。

因為鷹仔[8]生性凶猛，閣去 hō bā-hiòh 害著，煞擔著歹名聲，有一種鷹仔，會 tī 半空中掠鳥仔食，凶猛超過其他ê 鷹族，鷹仔虎將按呢tiâu 名[9]，伊是鷹族ê 老大，歹 chhèng-chhèng, kap 人類社會ê 大哥（lô-môa）全一樣，專門欺負弱勢，有ê 較猛--ê，嘛會控制政治人物，黑道 háⁿ 白道，白道 hō 伊 háⁿ kah giōng beh 死，親像「鷹仔虎，háⁿ 死烏鶖」按呢，食 kah 油 sé-sé。

che 是公權力無能ê 時代，chiah 會去 hō 黑道作威作福，「鷹仔虎，háⁿ 死烏鶖」，歹人得意。若是有一工，白道道德勇氣chhèng-koân ê 時，眞眞正正法律前人人平等，hit 時陣 ê「鷹仔虎，háⁿ 死烏鶖」chit 句俗語，tiòh-ài 重閣[10]解說，按怎解說？是鷹仔虎，háⁿ「死烏鶖」，抑是鷹仔虎，「háⁿ 死烏鶖」？是 háⁿ「死烏鶖」，m̄ 是 háⁿ「活烏鶖」。

【註解】

1. 虎：[嚇唬]。
2. háⁿ：[嚇唬]。
3. 烏鶖：大捲尾。
4. 人家厝：住宅區。
5. jiok：追逐（tui-tiòk）。
6. 翻硞：似應為 phùn-kheng；落荒而逃。
7. 凶猛：hiong-béng。
8. 孝孤：吃的粗俗說法。
9. tiâu 名：[被叫定了]。
10. 重閣：têng-koh，重來。

004

話，較濟貓毛¹。

一个囡仔愛講話，到底是 leh 講啥物貨？

講天講地講 koân 低，講烏講白講大細，

講啥物？講啥物？講啥物貨？

愈講愈濟，愈講愈濟，m̄ 知 leh 講啥物貨？

講 kah 一布袋。

　　這是阮半線地區，員林鎮 ê 施福珍老師寫 ê 囡仔歌，講囡仔人厚話，愛講話，有--ē 無--ē 講 kah 規大堆，閒話廢話規布袋，實在 m̄ 是好習慣。

　　人 ê 頭殼有七孔²，目睭、耳仔、鼻空各雙，單單喙一kâi，意思真明顯，叫人 m̄-thang 厚話，目睭、耳仔雙雙對對，斟酌看斟酌聽，mài 批判，鼻一支有雙个鼻空，hō͘ 咱 suh 空氣，清氣--ê 入來，垃圾--ê³ 出去，順紲鼻芳做 thé-gē⁴，芳臭 mài 議論，mài hō͘ 喙空講出聲影，好 bái 免辯解，自然 bē 心悶。

　　可惜人 ê 喙，雖然孤一支，但是人 ê 厚話，猶原十 ê 鎮八九 ê⁵，m̄ 但囡仔愛講話，連大人都大舌閣 hèng-thih，尤其是大人物，「話，較濟貓毛」，愛講、hèng 講、閣 gâu 講，講 kah 有影有跡，有赴人聽，phȯk-á 聲一下拍，煞講 kah bū-sà-

sà，m̄知影 thang 煞；有 ê 眞正愛 thih-siông[6]，有 --ē、無 --ē 烏白膨風，人汽水開 leh chōaⁿ[7]，伊猶 m̄知影。「話，較濟貓毛」，家己若 m̄知影「節制」，尻川後一定 hō 人 ge-sé[8]。

m̄-siàn[9] 拍開 TV kā 恬恬仔聽，廣告藥材，風水、八卦、迷信、議論，股票分析，攏講 kah chheⁿ 眞 chheⁿ 眞[10]，有影有跡；若是政治人物，國是論壇，講 kah 喙瀾（涎、角）全波，事實做 --ê，有幾个照行；call in ê 工夫閣較 sêng 戰國，你講你 ê，我講我 ê，管汰伊有人聽、無人聽，講若會 sóng 就 tòe 會著時行[11]，「話，較濟貓毛」，講了講，無衛生嘛無路用，何必爭論，講 kah 規布袋，何用？

喙尖尖 beh 講人，敢 bē 使喙合合，認份看家己？mài 惹人講（我），電視節目 ê 主持人，建議你一个議題，邀請 gâu 講話 ê 國會議員、民意代表，抑是機關首長，做一个另類 ê 對話，叫對話 ê 貴賓儘量 o-ló 別人，看啥人 ê 「話，較濟貓毛」，見講攏是別人較 gâu，家己較 han-bān，按呢可能眞趣味 --ō。

【註解】

1. 貓毛：niau-mn̂g。
2. 七孔：chhit-khóng, chhit-khang。
3. 垃圾 --ê：[骯髒的]。
4. 做 thé-gē：體藝[體會藝術]做 gī-niū 消遣。
5. 十 ê 鎮八九 ê：[十之八九]。
6. thih-siông：愛講話。
7. 汽水開 leh chōaⁿ：[噓聲四起]。
8. ge-sé：批評諷刺。
9. m̄-siàn：m̄-sìn, [不信]。
10. chheⁿ 眞 chheⁿ 眞：[活生活現]。
11. 時行：流行。

005
龜皮龜內肉。（龜跤龜內肉）

週休兩工，亦無出外 chhit-thô，亦無 chhōe 朋友、親情講心內話，交換人生 ê 酸 lam、苦 chiá[1]，kan-na tiàm 厝裡罔 hō-lí hō-sò[2]，報紙罔掀，電視罔看，電腦罔拍，掀 kah 手痠，看 kah 起雾雾，拍 kah 腰脊骨 bē 直[3]，閣淡薄仔痠軟，ko͘-put-jî-chiong 厝邊隔壁罔行踏，chhōe 著隔壁 kám 仔店頭家周先生，kap 對面修理冷氣、冰箱 ê 林大兄，罔話罔 phò-tāu：較講嘛是恁做老師--e 較好，上班有錢，無上班嘛有錢，閣會當一禮拜歇睏兩工，哪像阮逐日都拚 kah beh 死矣！

會 hain[4] chiah 會醫得，罔 hain 罔過日，猶 m̄ 是看恁逐日歡歡喜喜，喙仔笑 gi-gi！。oh！紅炸彈兩粒，又閣 siong-tiōng[5]--lò͘！上無嘛著了兩千[6]，一張帖仔包一千。

一千敢會准過得？普通客戶包兩千會使 chit，若是大主顧，五六千都著包--ò͘！

Â！he 對周先生是小可代誌，猶 m̄ 是「龜皮龜內肉[7]」，chit-mái ê 人極膨風，娶新娘攤，見辦著四五十桌，大攤--e chiâ[n] 百桌--è，kan-na kám 仔店貨來你遮款，上少嘛 beh kā lián[8]--萬外箍 à，穩趁無了--è。

趁是會趁啦，無影恁所想--ē hiah-nih 好趁。beh 趁人 ê 錢

hiah 簡單？無交陪，無送禮，人bē曉去別位交關？大月時，紅包包bē了，beh斂[9]閣bē liám 得，有夠硬篤[10]。

「龜皮龜內肉」嘛好，「龜跤龜內肉」嘛有人講，che攏是恁生理人ê生理步數，啥物買一送一，抑是買一千送五百，這也送，he也送，其實是隱疴--e落崎----心內知知咧，『羊毛出在羊身上』，敢m̄是？「龜皮龜內肉」，了錢生理是無人beh做--ê啦！

【註解】

1. 酸lam、苦chiáⁿ：[酸甜苦辣]。似應為（鹹kiâm、酸、苦、chiáⁿ）

2. hō-lí hō-sō：[無所事事]。

3. 腰脊骨bē直：[腰直不起來]。

4 haiⁿ：哼。

5. siong-tiōng：嚴重。

6. 了兩千：損失兩千。

7. 龜皮龜內肉：[羊毛出在羊身上]。

8. lián：趁，[賺]。

9. beh斂：[要縮減]。斂：liám

10. 硬篤：食力。

006
龜跤趖出來。

　　Taⁿ mài 閣編落去--à, 「龜跤趖出來」都猶 m̄ 知影, 真正加講加落氣[1]--è, 瞞者瞞不識, 識者不能瞞, mài 做就無 chit 款厭氣代[2]?

　　邱老兄, 做人上實在, bē lim bē 開[3], 啥物 pok 薰哺檳榔, 伊攏 bē 曉, 伊攏無愛, 人講人愛有一步破, 邱老兄就是破 tī 愛 poảh-kiáu, 啥物薰、酒、檳榔、茶, 查某、唱歌、跳舞, 伊攏 m̄、無興趣, 單單 chit 項 poảh-kiáu, 伊拍死無走, 講著 poảh-kiáu 伊就氣（去）, 就是邱老兄伊。

　　Hit 一工, 人又招伊『三缺一』, 起先, 伊 m̄ 敢講 beh 去, 因為 m̄ 知影 beh 按怎 kā 某講原因, 古意人, beh 出門總是愛有理由, taⁿ 敢會使 chit 講 beh 去 poảh-kiáu--hiơh, 無編一个理由敢會通？某 tī 厝裡, 哪有可能出門兩三點鐘拍麻雀 sim-sek[4]。好友--è 幫伊想撇步：抑 bē 曉 kā 恁某講我 beh 招你去探病, 來去彰化 chhiân[5]--兩三點鐘, 是合人情, chit 步上讚, 做你 kā 用（落去）。

　　兩點出門, 五點 chiah 入門, 三點鐘久是走去 toeh?

　　Ah 都 kā 你講歟[6]忠仔兄招我去彰化看阿筆仔兄。

　　阿筆仔兄按怎？

Ah tō 破病 leh 入院！

破病 leh 入院？

m̄-siàn[7]，你抑 bē 曉去問歇忠仔兄？

講人人到，講鬼鬼到。歇忠仔 ùi 外口 lȯk-sōm lȯk-sōm[8] 行倚來：taⁿ，免閣編，免閣騙--à，「龜跤趖出來」--à 啦，tú-chiah 阿筆仔去阮兜 chiah kâ 落氣--niâ，伊講四點跤兜來恁兜 chhōe 你 phò-tāu，拄拄仔你出門去，差一 sȯt 仔 tō hō 恁某罳 kap put[9]。

忠仔兄！後擺若 beh poȧh，做你家己，mài 定定 leh 水鬼招跤逐[10]，阮翁攏 hō 恁 chhōa 歹去[11]，猶有，拜託你講著話，m̄-thang 空喙哺舌，歹代誌做傷濟，「龜跤趖出來」--à，煞牽拖[12] 人 leh 罵--恁罳--恁，按呢就歹意思，敢 m̄ 是！

代誌著做正經，瞞騙行為 sian m̄-thang[13]，因為總有一工會「龜跤趖出來」，就厭氣落氣死死[14]。

【註解】

1. 加講加落氣：[越描越黑]。
2. 厭氣代：[丟臉失面子的事]。
3. bē lim bē 開：bē lim 酒 bē 開查某，[不喝酒不嫖妓]。
4. sim-sek：心適，趣味。
5. chhiân：延，拖時間。
6. 歇：做代誌 bóng-tóng，m̄ 是戇。
7. m̄-siàn：m̄ 信。
8. lȯk-sōm lȯk-sōm 行：[走起路來若無其事的樣子]。
9. 罳 kap put：罳罵兼掃地出門。
10. 水鬼招跤逐：歹人招歹人 ê 意思。
11. chhōa 歹去：[帶壞了]。
12. 牽拖：khan-thoa，[牽連]。
13. sian m̄-thang：千萬 m̄ 好。
14. 落氣死死：非常落氣。

007

食著藥[1]，青草一葉；食無著藥，人參一石。

「o͘h！哪會 chiah-nih 苦？我 吞 bē 落去！ah！ah 我 beh 吐出來 --à 啦！」ô͘ ~ 一聲，已經吐 kah 規塗跤，有影 chak 死人[2]，活 beh-- 氣死！

藥仔 kèⁿ-tiàm 嚨喉[3] ê 滋味，逐家一定 bat 經驗過，眞正是「艱苦無人知，目屎吞落去腹肚內」。

講著食藥仔，每一个囡仔攏會驚，有 ê 驚 kah phih-phih-chhoah，有 ê 驚 kah 青 sún-sún，面反色，有 ê 講著食藥仔，就走 kah pùn-keng[4]，上 hō͘ 人愛笑 --ê 就是牛聲馬喉 mà-mà 吼，吼 kah 足大聲，有夠歹聽，嘛有 hit-lō͘ 牙齒根咬 ân-ân[5]，隨在阿娘按怎大細聲，伊攏 m̄ 聽，最後著人 tàu 掠，chiah 有法度將藥仔灌落喉，實在 bái-châi[6]。

我 ê 食藥經驗無 hiah-nih àu 跤數[7]，m̄-kú 講 khit 來猶是感覺歹勢歹勢，taⁿ，beh 來漏豆仔爿[8] hō͘ 恁聽，拜託恁著 m̄-thang kā 我笑。

大概是阮老爸是醫生 ê 關係，食藥仔 ê 經驗我上濟，見擺若感覺身體小可無拄仔好，阮老爸一定著叫我 ài 食藥，講著食藥我就面憂面結，一定三推四推講無 ài 食藥，理由規大堆，阿爸攏無 beh 相信，講「細空 m̄ 補，大空叫苦」，小

可艱苦若 m̄ 治療，若 hō 伊嚴重就會害，姑不將只好鼻空 tēn-leh[9]，雄雄像灌 tō-kâu[10] 按呢灌落喉，阿爸實在是名醫，真正藥到病除，無偌久就感覺人已經 thiàu-iàh，爽快 ni-ni[11]。

有當時仔阿爸開 ê 藥仔是藥丸，有夠歹吞落喉，連配三四甌冷滾水，藥仔猶 tī 喉裡，不得已，阿母將藥丸 géng[12] 做藥粉，叫我 hām 喉瀾做伙吞，啥知藥粉苦 tèh-tèh，落喉無偌久，又閣吐 kah 滿四界。Hō 阿母著閣無閒洗塗跤，有夠歹勢。阿母 ê 應話是：「有影 chak 死人，活 beh--氣死！」hō 我聽著足厭氣。

雖然食藥仔 chiah 麻煩，親像頂面講 ê chit 款囉嗦厭氣 ê 代誌，對我來講並無濟，為啥物？m̄ 是講膨風--ê，實在是因為阿爸開 ê 藥方太讚咧，藥量閣無濟，beh 吞 beh 哺攏 bē 感覺苦。有一擺我問阿爸講：

看別人食藥攏規大包，阿爸你開 ê 藥方哪會 chiah-nih 少？

阿爸應我講：「食著藥，青草一葉；食無著藥，人參一石。」醫術較要緊，診斷若正確，食藥 m̄-chiah 會 lī-lâu[14]。Tŏng-ńg 大包 ê 藥仔，內面 m̄ 是顧胃--ê，就是 bî-tah-béng[15] A.B.C。對食藥仔 ê 人來講，遮，攏是安慰藥品 niâ。

我上愛食 ê 藥仔就是有糖衣 ê 藥丸，kap 食 khit 來若蜜 ê 糖漿（thng-chiong），胡蠅貪甜，m̄ 是 kan-na 我趣味，恁嘛真趣味，敢 m̄ 是？

猶有一項藥，是 leh 補身體，m̄ 是 leh 治病疼，就是中醫 ê 補藥、紅棗、當歸、四物仔，參雞肉、鴨肉做伙 tīm[16]，芳

kòng-kòng, kòng-kòng 芳，未食就 siân[17] 人流喙瀾（涎），chit 種 ê 補身湯，我上合意，一碗閣一碗，食到過癮爲止，在座各位，恁有 leh 流喙瀾水 -- 無？

講著中藥，就閣 hō 我想起阿媽破病 hit 段日子，使人心悲，giōng-beh 目屎滴。仁慈好量 ê 阿媽，做查某囡仔時，是咱彰化 ê「大美人」，溫柔謙虛，親切人人好，逐家 o-ló。伊上蓋疼我這 ê 查某孫，逐日陪我 chhit-thô，教我講台語，鼓勵我愛讀冊，不管時都 kā 我疼命命，想 bē 到一場病疼，煞來 chhōa 走阿媽 ê 性命，留 hō 孫 --ē 心肝 íⁿ-á 不時 leh 疼痛。

阿媽 tì 癌症 hit 段日子，是我上心酸 ê 生活，每擺看阿媽食 he 苦 teh-teh ê 草藥仔，吞 bē 落喉，我攏 khiā-tiàm 阿媽身軀邊，嘛 thîn[19] 一甌陪阿媽 tàu 鼓勵，看阿媽痛苦 ê 面色，我 lún bē-tiâu[20]，硬將目屎吞落喉。阿媽 --ō，你就小忍耐，我來拜託媽祖 kā 咱 tàu 保庇，保庇阿媽 ê 病會緊緊好 khit 來。想 bē 到無偌久，阿媽就放阮做伊轉，來過身。回想過去陪阿媽食藥仔 ê 日子，又閣惹起目屎滴。

講食藥仔 ê 經驗，實在 m̄ 是輕鬆，罔講罔笑，無啥 thang 好計較，上好是身體勇健健，無煩無惱免食藥，祝各位身體康健第一，逐家勇勇健健食百二。

【註解】

1. 食著藥：[吃對藥]。
2. chak 死人：[煩死人]。
3. ké{^{n}}-tiàm 嚨喉：[哽在嚨喉]。
4. 走 kah pùn-keng：走 kah 無看人影。
5. 牙齒根咬 ân-ân：[牙根咬得緊緊的]。
6. bái-châi：歹看樣。
7. àu 跤數：[不上道的角色]。
8. 漏豆仔爿：[據實以告]。
9. tē{^{n}}-leh：[捏住]。
10. 灌 tō-kâu：[灌蟋蟀]。
11. 爽快 ni-ni：[爽快得很]。
12. géng：[研磨]。
13. lī-lâu：對病體有幫贊。
14. Tông-ńg 大包：[好大一包]。
15. bî-tah-béng：vitamin。
16. tīm：燉。
17. siâ{^{n}}：引誘。
18. 過癮：kòe-giàn。
19. thîn：斟，倒。
20. lún bē-tiâu：忍不住。
21. thiau-iah：身心皆輕鬆。

008
第三查某囝，食命。

喂！蕭老師，請問一句俗語：「第三查某囝，食命。」
是啥意思？

亦煞 m̄ 知影講第三查某囝較好命。

敢按呢？俗語 m̄ 是講阮查某囝仔茉子命，liàm 頭[1] 飼都
會活，重男輕女 ê 社會，做人 ê 第三查某囝，哪有可能會好
命咧！無合『邏輯』啦！

講嘛有影，ah 汰會定定聽人按呢講呢？

周大嫂，請教一句俗語，「第三查某囝，食命。」啥意
思？

亦煞 m̄ 知影講第三查某囝較好命。

敢按呢？敢有一定是第三--e?

薛仁貴 kap 王寶釧 ê 故事就是按呢搬，王寶釧是第三查
某囝，後來伊做皇帝娘，享受榮華富貴，m̄ 是誠好命。m̄-chiah
講「第三查某囝，食命」。就是按呢 ê 意思啦！

m̄-kú 王寶釧苦守寒窯十八冬，敢 bē 傷苦憐，tòa 害磚仔
窯[2]，食野茱番薯葉，哪是好命人羹頓，翁無 tī 厝裡，受盡
人 ê 欺負，che 是歹命。好佳哉伊運氣好，後來做皇帝娘，
若是好命，應該就免經過 chit 段苦難，世間第三查某囝滿四

界，有伊chit款命底到底有幾个？食命，m̄是好命，是靠運氣，運氣若好是好命，運氣若bái是歹命，好命歹命無一定是第三查某囝，「第三查某囝，食命。」其實kap「查某囡仔，菜子仔命」，猶m̄是仝一款命。

009
蜈蜞咬蛤[1]。

　　田中國校慶祝建校八十五週年ê活動，今仔日進入高潮，上蓋鬧熱，學校內一四界攏是人聲，老師當 leh 討論連鞭ê表演節目，beh 按怎入場；主辦運動會ê訓導處同仁，猶 leh 煩惱 chiah-nih 亂操操ê場面，是 beh 如何控制；學生囡仔上歡喜，都猶未開始 leh，就 leh 家己練習 beh 按怎為選手加油，一直喝咻：『加油！加油！』「愛抨才會贏！愛抨才會贏！」嘛有 hit-lō káu-koài[2] ê 猴囡仔 thiau-kang kap 人無全味，一直喝講：「漏油！漏油！厭氣！厭氣！」惹人氣 kah beh 死。總講一句，今仔日ê運動會猶未起鼓，就到處「蜈蜞咬蛤」，為 chit 場表演 leh 心適，未演先轟動，註定今仔日ê慶祝一定成功。

　　運動會一開始，先有各種表演，學生囡仔ê節目算阮四年級ê大會舞上精彩，馮老師 kap 阮遮ê級任，流汗拍抨總是無了工，得著誠濟 phok-á 聲；上 hō 人感心--ê 是「啓智班」ê師生合作比賽，經過老師愛心ê設計，in ê 運動充滿挑戰，若無說明，hō 人叫是老師非常酷刑，囡仔都 leh 頂顙--ā，猶閣叫 in tiàm 塗跤爬，原來這是為遮ê學生未來，特別設計ê教學，啓智班ê老師實在愛 kā o-ló。

另外嘛有社區ê社團表演，跳舞、比劍、太極拳、外丹功攏有，攏是leh tàu 鬧熱，囡仔無感覺稀奇。學生囡仔上趣味 tī 走相 jiok，十點三十分開始六十公尺、一百公尺、兩百公尺ê走輸贏，銃聲一下響，「蜈蚣咬蛤」隨時變做人聲喊喝，司令臺頂黃老師一直助聲喝 i-o，樂隊ê鼓聲嘛 tòe-leh lìn-lòng 叫，加添鬧熱ê氣氛，運動埕做一下 chhiāng-chhiāng 滾，日頭當中晝，曝 kah 汗那流，啥物都 bē 記得 --à。

最精彩 --è tī 下晡時，各年級ê大隊接力，男女各十五个，一人走一百米，競爭誠劇烈，有時領先做頭前，無偌久煞落 tī 第五等，輸贏起起落落，輸 -- 去，講話就囉哩囉嗦，贏 --ê 班級歡喜 kah giōng-beh 掠 bē-tiâu，輸 --ê ê 班級煞 leh 起 àu-siâu[3]，好佳哉無起冤家，kan-na「蜈蚣咬蛤」hōe bē 完[4]，歡喜ê一工 tī 發獎品獎狀了後結束。

講歡喜是學生囡仔 leh 歡喜，阮老師實在是 thiám kah beh 死[5]！

【註解】

1. 蜈蚣咬蛤：意謂多人蝟集或雙方爭論而人聲噪雜。

2. káu-koài：[調皮]。

3. àu-siâu：[面無表情，嘀咕不停]。

4. hōe bē 完：[爭論不休]。

5. thiám kah beh 死：[疲倦得要死]。

010

早眠早起床，chiah bē 頭昏昏，腦鈍鈍。

　　往過阮學校規定，早起時著七點到學校做自修，若無tiôh-ài 算『遲到』捶畚斗，會hō 老師罰 khioh 垃圾、掃便所，khioh 垃圾、掃便所對阮學生囡仔來講，是一項足厭氣足見笑ê 代誌，所以 hit 時陣，為著 mài『遲到』，每一工透早 peh 起床就 hō 阿母趕緊緊，「較緊，較緊，bē 赴--à！bē 赴--à！」趕 kah 活 beh 緊張--死。

　　自從學校新規定，早起時到學校ê 時間會當較晏，規定七點半進前到位，會赴掃塗跤就無算『遲到』了後，chit-mái 早起時去學仔就加足輕鬆--e，因為阿母 kap 我攏已經習慣早起，早起時「去學校ê 路裡」chit 段時間，煞變做好 sńg 好 chhit-thô，輕鬆閣 bē 囉嗦ê 趣味經驗。

　　「ôa-á！」日頭阿公笑咳咳，一 chūn 溫暖 tī 心內，看著四邊風景真精彩，跤步踏緊大 hoáh[1] 來。路邊樓仔厝排規排，公車、轎車（kiō-chhia）、kap ơ-tó͘-bái，一台一台閣一台，pi-pi po͘ⁿ-po͘ⁿ 鬧 chhai-chhai[2]。

　　「褲襪仔一雙五十，買一領送一領，大買大贈送，穿了包你 súi-tang-tang，無買你會後悔一世人。」親像機關銃聲 leh 喝俗貨，聽 kah 我 bū-sà-sà，sà-sà-bū。隔壁彼ê 賣『甜不辣』

kap 鰇魚羹 --ê，生理嘛眞 ka-iȧh[3]，頭家舞 kah 規身汗，khat-á[4] 一 khat 閣一 khat，碗一 kâi 閣一 kâi，頭家娘收錢收 kah 喙仔裂獅獅，嘛 hō͘ 我看 kah 無 nih 目，o-ló in 實在厲害。

行 --à 行，繼續行，行過田岸邊，稻仔眞古錐，青 sìm-sìm[5]，搖來搖去。看著茉股 ê 青茉，súi-tang-tang，好收成，感謝作穡阿伯 ê 無閒，予阮聰明頭殼 tēng[6]。雄雄飛來一隻鳥，歇 tī 頭前，原來阮已經行來到 hit 坩果子園，透早鳥仔就 khit 來食早頓，kap 阮全款早眠早起床。風一下吹，草仔閣頭 khi-khi，露水 tī hit 頂懸一粒一粒那珍珠，閃閃 sih-sih。

離開田園來到公園，有音樂聲，嘛有跳 làng-suh[7]，運動 ê 人一大堆，有 ê 拍太極拳，練氣功，有 ê 跳土風舞，比拳頭拇，逐 ê 跤手攏 liú-liȧh[8]，歡頭喜面，精神清爽，紅膏赤蟧[9] 就是健康 ê 表示，一工 ê 開始，ùi 遮起。

ôa-á！時間無早 --lò͘！上班 ê 阿伯阿叔，大兄大姊，有 ê 精神飽 tīⁿ[10]，有 ê 目睭猶 sa-bui sa-bui[11]，行路 --ē，騎鐵馬 --à，駛 o͘-tó͘-bái--è，攏做伙來去，一步一跤印，爲著前途，無 phah-piàⁿ bē 使 chit。

「去學校 ê 路裡」，阮母仔囝鬥陣行，沿路行，阿母沿路教示，一路歡歡喜喜，行過綠色 ê 田園，行過鬧熱滾滾 ê 運動公園，早起是有活力 --è，早起是有向望 --ē，早起予阮精神爽，早起予阮有理智，早起 ê 生理人趁有食，早起 ê 鳥隻有蟲食，「早眠早起床，chiah bē 頭昏昏，腦鈍鈍。」實在有道理。

【註解】

1. 大 hoảh：大步。
2. 鬧 chhai-chhai：熱鬧非凡。
3. ka-iảh：[門庭若市]。
4. khat-á：[杓子]。
5. 青 sìm-sìm：[綠油油]。
6. 頭殼 tēng：[不是頭硬]，是聰明

ê 意思。
7. 跳 làng-suh：跳舞。
8. 跤手 liú-liảh：[手腳伶俐]。
9. 紅膏赤蠘：[紅光滿面]。
10. 精神飽 tīⁿ：精神飽滿。 11.sa-bui sa-bui：[睡眼惺忪]

011

姻緣到，m̄ 是媒人 gâu。

（姻緣天註定，m̄ 是媒人 跤 gâu 行）

「阿福伯--à，你實在 gâu--neh！阿明仔嫂 in chau-á-kiáⁿ 美娜 ê 親情，閣 hō͘ 你做會成，有影無簡單 to-tio̍h！」

Che 哪有啥 thang o-ló--è，你無聽人講：「姻緣到，m̄ 是媒人 gâu。」人美娜 ê 婚頭[1] 已經浮，姻緣線五百年前註 tiāⁿ-tiāⁿ，我只不過 kā 兩頭牽相黏，哪有啥物撇步，哪有啥物 thang o-ló gâu--leh！

「若無阿福伯--à chiah-nih 跤輕，男方女方 kut-la̍t 行踏，chit 門親事哪有 thang chiah-nih 緊就決定，福伯--à 福伯--à 敢 leh 叫假--è。」

ôa！愈講煞愈 hàm 古[2]，若 m̄ 是 in 兩个少年--ē 意愛在心內，佇 gâu 講，佇 gâu 話，做你啥物媒人喙糊 lùi-lùi，全款是無較 choa̍h，beh kā 美娜做媒人--ē 有夠濟，逐家 kā 紹介 ê 對象嘛攏 bē-bái，為啥物做 bē 成？猶 m̄ 是無四配無合意，chit 擺做會成功，總講一句是「姻緣天註定，m̄ 是媒人跤 gâu 行」啦！

阿福伯--à 講--è 實在有道理，想起當初時，tú 做兵轉來，媒人就相爭 beh kā 咱介紹查某囡仔，兩個月中間看較無一打，結果看有合意 chit 个，ùi 相親、teh 定[3] 到結婚，講 khit

來你m̄相信，前後 chiah 短短兩個月，而且 hit 个媒人誠貧惰，兩方家庭 m̄-chiah 行五六 choạh--niā-niā，汰做會成？朋友就按呢消遣 hit 个媒人：「姻緣到，m̄是媒人 gâu。」「姻緣天註定，m̄是媒人跤 gâu 行」啦！

　　婚姻大事，chiah chhìn-chhái⁴ 就決定，雖然阮 ê 生活過得美滿，無怨嘆無後悔，總是 m̄是好樣，並無鼓勵逐家愛學阮 ê 樣，「焦柴烈火，一个 beh 娶，一个 beh 嫁。」就按呢完成婚禮，有夠 hàm--ê⁵！

【註解】

1. 婚頭：結婚 ê 徵兆。
2. hàm 古：[八卦]。
3. teh 定：訂婚。
4. chhìn-chhái：隨便。
5. 有夠 hàm--ê！：眞正 [不可思議]。

012

豬, m̄ 肥, 肥 toh 狗去[1]。

　　時勢轉變, 有人變了較文明, 對生育子女 ê 觀念有較新, 生查埔抑生查某攏無要緊, in 所期待--ē m̄ 是男女輕重 ê 問題, 只是希望有男有女 ê 平衡生活品質。

　　高老師有三个囡仔, 兩个查某囝乖閣 gâu 讀冊, 厾仔 kián 愛 sńg m̄ 讀冊, 雖然 m̄ 是浪浪 liù-liù, 望 beh 將來會考著好大學, 高老師是 m̄ 敢向望, 尻川後人替高老師怨嘆伊 ê 囡仔是「豬, m̄ 肥, 肥 toh 狗去」。無疑悟煞去 hō͘ 高老師娘聽見, 人高太太真正開化, m̄ 但無受氣, 反倒轉按呢講: 恁 ê 觀念已經 tòe bē 著時代--ā, 查埔查某攏是囝, siáng gâu、siáng 會[2]攏全款, 當然咱做爸母--ê 攏嘛愛 in gâu 讀冊, 不過生著頇顢讀--ê, 怨嘆嘛無路用。過去 ê 觀念重男輕女, 講啥物生著查某囡仔是了錢貨, 飼大漢別人 ê, 就是因為大漢別人 ê, 所以咱 tiòh-ài 較注意教示咧, 查某囝若 gâu, 較 khiàng 跤淡薄--à, 嫁了後 m̄-chiah 免 kā 煩惱; 若是查埔囝, 頇顢一屑仔無要緊啦! 大漢以後嘛猶會當教示。

　　Chit 款新觀念, 實在是頭一擺聽著, 「豬, m̄ 肥, 肥 toh 狗去。」chit-má m̄-tiòh ài 改做「狗, m̄ 肥, 肥 toh 豬去」。其實按呢嘛 m̄ 著, 男女平等, 尤其是子女, 查埔、查某攏是心肝

肉，gâu--ē ài 疼，頇顢飯桶--ê 特別 ài 惜命命。「豬，m̄ 肥，肥 toh 狗去。」「狗，m̄ 肥，肥 toh 豬去。」攏 m̄ 是正確 ê 思想，栽培囝，心肝著掠 hō 正。

013
一年培墓，一年少人。

　　阿叔，敢 beh 閣等落去？大概無轉來--à 啦！敢 m̄ 是 kap 阿伯 in 約 tī 十點半，taⁿ 已經十一點半較加，閣等落去，中晝拜公媽會傷晏--ō。

　　唉！景緻一下 bái，人講「一年培墓，一年少人」，煞有影--koh，往過見若清明，無培墓，嘛有掃墓，kā 祖先 kùi 墓紙[1]，hit 時陣墓前人是 that-that-tīⁿ[2]，五房頭[3]人馬齊到，鬧熱滾滾，祖公祖媽 tī 天頂若有靈聖，一定感覺歡喜安慰。

　　五六年前，恁大伯 in 搬去頂頭[4]拍拚，雖然無真捷[5]轉來，但是見若[6]清明，一定會規家伙仔專工轉來掃墓，想 bē 到 chûn--年[7]生理一下 bái tńg-sẻh[8]，煞 kan-na 恁大伯家己轉來--niâ，今年 ê 景氣 chiah-nih 衰微，我看大概無心情 thang 轉來，hioh！連恁屘叔仔嘛拍算無 beh 轉來 ê 款，哪會無看？少年人 chiah-nih m̄-bat 禮數，未結婚敢就會 chhìn-chhái--chit hioh！莫怪「一年培墓，一年少人」。

　　好啦！果子、鮮花 kā 排落去，先拜土地公，連鞭 chiah 拜祖先，逐家 ài 會記得，「慎終追遠[9]」是一項真有意義 ê 孝道，教咱 tiọh-ài 會記得祖先，m̄-thang 忘本，比如講為過往[10]祖先做忌，做九月 tiâng-iâng[11]，tñg 著年節拜公媽，攏是誠好

ê 傳統風俗，只要誠心誠意，祭祖親像祖 tī-leh，拜公媽就設想公媽有來食，按呢就非常有意義。

除了面頂所講 ê 風俗以外，咱 chit-mái 趁清明來掃墓、培墓、kùi 紙嘛是真好 ê 儀式，kā 祖先 ê 墓仔掃掃咧，雜草 khau-khau[12] 咧，抑是較工夫準備一寡腥臊[13] 來拜，順紲蓋 kó-á 紙[14]，表示蓋厝頂 ê 意思，hō 祖先 tī 透風落雨 ê 時陣嘛會當得著安歇。

「一年培墓，一年少人」，原因真濟，攏是功利主義 kap 迷信，事業若有順利，是祖先有保庇，當然祭祖、培墓照規矩，歡歡喜喜。若是 bē 順序，無出（壯）丁，心情若 bē 輕鬆，啥物拜公媽做忌，清明掃墓，有人去就可以，敢有差我一个人，敢 m̄ 是？功利，迷信，台灣人，滿滿是。

【註解】

1. kùi 墓紙：挂墓紙。
2. that-that-tīn：［塞得滿滿］。
3. 五房頭：［五個房族分支］。
4. 頂頭：頂港，北部。
5. 真捷：常常。
6. 見若：［若遇到］。
7. chûn--年：前年。
8. bái tńg-sèh：歹周轉。
9. 慎終追遠：sīn-chiong tui-oán。
10. 過往：去世。
11. 九月 tiâng-iâng：九月重陽。
12. khau：薅，拔。
13. 腥臊：chhen-chhau，有魚肉 ê 料理。
14. kó-á 紙：墓紙。

014
不漳不泉

漳是漳州，chiong-chiu，抑是 chiang-chiu；泉是泉州，choân-chiu，抑是 choân-chiu。漳州是中國清朝時代 ê 漳州府，tī 龍溪縣；泉州是清朝時代 ê 泉州府，tī 晉安縣。

唐山過台灣，心肝結規丸 ê 台灣 Hō-ló 人唐山祖公，大部分攏 ùi chit 兩所在來，過去為著討趁顧腹肚，為生存顧性命，來自 chit 兩位地頭，因為生活風俗 ê 無全 kap 語言腔口 ê 差別，bat 引起真濟誤會 kap 冤家，m̄-chiah 到 kah 戰後猶有人為著腔口 ê 無全互相相笑 phì-siùn[1]。其實 chit 款漳州腔、泉州腔 ê 差別逐家攏聽有，攏是 Hō-ló 話 ê 方音，親像「來街仔買瓜仔 hō͘ 雞仔食」，漳州腔講：「來 ke-á bé koe-á hō ke-á chiā」；若是泉州腔就按呢講；「來 koe-á bóe koe-á hō koe-á chiáh」，你認為啥人有腔？永靖人講：「枝仔 pian，lián-lián tiān-tiān」，你敢會聽無？宜蘭人講「食 puīn 配滷 nūi，跤骨 núi-núi suin-suin」；關廟腔青菜講「sen-sài」，彩色講「sái-sek」，臭臊草講「sàu-so-sáu」，除了趣味以外，敢有啥物 thang 好相笑--è。因為 he 就是爸母話，爸母生成--è。

chit-mái 時代進步，交通發達，人也較開通，啥物漳州腔、泉州腔、關廟腔、宜蘭腔攏已經 lām-lām 做一夥，而且

閣因為嫁娶，互相學習透濫[2]，Hō-ló話已經由「不漳不泉」進步到「亦漳亦泉」ê互相諒解。

語言ê流通會通達，對新ê台灣人非常要緊，不漳不泉嘛好，亦漳亦泉嘛好，攏是方音差ê小異，若是kap客家語、北京語做比較、就差大碼--lò，因為chit兩種語言kap Hō-ló話，雖然有真濟相通，卻是有真濟無全嘛無才調對翻（譯）ê所在，beh全部用漢字來表達，閣較無可能，講Hō-ló話是北京語（國語）ê方言，是講bē通--è，講漢文（文音，讀冊音）是中原古音，有伊ê證據tī--leh，但是台語Hō-ló話並m̄是kan-na讀冊音niâ，平常時對談ê台灣話就m̄是hiah-nih簡單，應該包含文音、白話音、南島語、外來語……。

台灣是多語ê族群，真向望台北華語、Hō-ló語、客語、原住民語攏會成做官方語言，得著政府ê認定保障，按呢逐家互相尊重，互相學習，發展出多彩多姿ê台灣文化，tī世界上得著o-ló，建立家己ê自尊。

【註解】

1. phì-siùⁿ：諷刺批評。
2. 透濫：thàu 來 thàu 去，lām-lām 做伙。[混合]。

015

三兄弟股一條瓊麻[1]索。

瓊麻就是龍舌蘭，俗稱樹絲，因爲伊樹葉ê纖維[2]韌[3]閣 m̄驚水浸，提來股[4]索仔[5]，堅固耐用，是討海人ê重要工具，南部出產kài濟[6]。

用瓊麻股索仔是 m̄-bat 看過，用黃麻絞索仔，m̄但 bat khoàiⁿ，囡仔時代嘛 bat kap 大人絞過，不過絞--ê 是兩股ê索仔，絞三股--ê 就無 hit 款工夫。

過去生活 tī 庄跤ê作穡人，擔擔[7]ê畚箕、米 lôa[8] ài 縛索仔、載貨、縛柴 ài 用索仔 liāu[9]，牽牛、駕 kha[10] 車、駛田、捆豬、拖車……步步[11]攏著用索仔，索仔 tī 田庄所在是生活必須品。細條索仔用雙手撚[12]，抑是 tiàm 跤頭趺[13]挲[14]就會使 chit，大條索若無用家私頭仔[15]來股，是無可能ê代誌，過去作田人若有閒工，就三五个招--leh，互相 tàu 相全，拍幾條仔索仔 khǹg-leh thang 用[16]。

股索仔 ài 用絞索仔機，he 是一套用木材做ê工具，前車是四角型ê框架，kah 黏 tī 椅條頂[17]，有三 kâi 空[18]，穿三支 ㄅ字形ê鉸仔，前面會當結索仔，後面用一塊竹 phòe[19] 鑽三 kâi 空，拄好 lop-tī[20] 三支絞仔，thiòng-á[21] 三支同齊股 tín 動；後車 kan-na 一支柴柱，半人 koân ê所在嘛鑿[22]一空，全款穿

一支ㄣ字形ê絞仔；另外有一粒羊仔頭形ê tēng 柴[23]，刻三條溝，beh hō 三股ê黃麻 khòa tī[24] 溝內，chiah 會當平平順順、pêⁿ-pêⁿ 正正股成一條索仔。

股索仔 tiòh-ài 三个人，一个 hōaⁿ 前車[25]，顧 hit 三支絞仔ê運轉，絞正絞[26]，一个固定後車，用倒手挽[27]hit 支柴柱 hō 固定，閣著用正手[28]股絞仔，而且 ài 倒絞[29]，hōaⁿ 羊仔頭 chiah 是師傅，索仔絞會 súi，攏著靠伊ê工夫 kap 指揮。

Chit-mái 開始 beh 絞索仔--lòr：前車先絞一支絞仔，師傅提黃麻皮套 tiàm 絞仔頭，然後一皮一皮紡，紡一條五丈長ê無股ê索仔[30]，chiah 閣紡一條兩丈半--è，五丈--ē 拗做兩 koèh[31]，套 tī 後車，尾節套 tī 前車，chit-má 前車三支絞仔縛三條索，後車一支絞仔嘛縛三條索，師傅掠羊仔頭 ùi 前車 hit 爿套好勢，然後一聲開始，前後車股無停，師傅 hōaⁿ 羊仔頭順索仔股一直倒退 lu[32]，後車一直股一直 hō 索仔 khiú[33] 進前，手挽跤 kēng[34]，驚做索仔傷 lēng，索仔若傷 lēng[35]，絞 khit 來ê索仔一定 phàⁿ-phàⁿ[36]，bē 堅固耐用。

後車哪會行進前呢？因為索仔愈絞愈 ân[37] 煞愈絞愈短，本來是兩丈半，絞好可能 chhun 兩丈兩尺，kiu[38] 三尺算真正常。一條絞好 chiah 閣絞一條，beh 大 beh 細，由在師傅斟酌 soah 黃麻[39]，黃麻若煞濟，索仔自然大條，黃麻若煞少，索仔當然細條，若是絞兩股ê索仔就較簡單，可惜 bē 勇[40]嘛較歹看頭，he 是師仔工學絞，絞 chhit-thô--ē。

「三兄弟股一條瓊麻索」，若有和協會齊[41]，he 是真簡單，團結就是力量，看田庄人絞索仔就是上好ê證明，早當

時阮田庄兄弟leh 絞索仔，無一定是親兄弟，卻是合作團結ê力量是無地比，因為庄內ê 厝邊隔壁攏若親兄弟，過去ê 庄跤人，m̄ 免去強調啥物『敦親睦鄰，守望相助』，庄頭ê 安全就顧kah 好勢好勢，時代leh 變，社會一直變遷，古早味，古早ê人情味，使人懷念。

「三兄弟絞一條黃麻索」ê『團結力量』，會當hō͘ 無論是國民黨、民進黨抑是新黨ê 兄弟做參考，「團結」ê 團體，chiah 是有向望--ē。

【註解】

1. 瓊麻：khêng-môa。
2. 纖維：chhiam-ûi。
3. 韌：jūn。
4. 股：kớ。絞。
5. 索仔：[繩子]。
6. kài 濟：眞濟。
7. 擔擔：taⁿ-tàⁿ。
8. 米 lôa：米籮。
9. liāu：[纏繞著綁物]。
10. kha 車：駕牛 ê 器具。
11. 步步：逐項。
12. 撚：lián。
13. 跤頭趺：[膝蓋]。
14. 挲：so。
15. 家私頭仔：工具。
16. khǹg-leh thang 用：[放著備用]。
17. kah 黏 tī 椅條頂：[架在長板凳上]。
18. 三 kâi 空：三个洞。
19. 竹 phòe：[竹片]。
20. lop-tī：套進在…]。
21. thiòng-á：thèng-hó（聽好），可以。

22. 鑿：chhảk，鑿。
23. tēng 柴：[硬木頭]。
24. khòa tī：[擱置在…]。
25. hōaⁿ 前車：操作機器叫 hōaⁿ。
26. 絞正絞：[右旋轉]。
27. 挽：bán，[用力挽住]。
28. 正手：[右手]。
29. 倒絞：[反轉]。
30. 無股 ê 索仔：親像大條紗仔。
31. 拗做兩 koẻh：[折成兩節]。
32. 倒退 lu：[倒退走]。
33. khiú：giú、[拉]。
34. 手挽跤 kēng：[手腳並用、穩住木柱]。
35. 傷 lēng：[太鬆了]。
36. phàⁿ-phàⁿ：[鬆鬆的，不夠堅固]。
37. ân：[緊]。
38. kiu：[縮]。
39. soah 黃麻：[一片一片加黃麻下去]。
40. bē 勇：[不堅固耐用]。
41. 和協會齊：[同心協力]。

016

人來 chiah 掃地，
客去 chiah 煎茶[1]。

學校掃塗跤 ê 鐘仔聲又閣響起來，班長一句『掃地』，逐家就歡歡喜喜開始，有 ê 提糞斗 beh put 垃圾仔，有 ê giâ 掃帚 beh 掃塗跤，有 ê 用雞毛筅 leh chhéng 桌頂，有 ê 提桌布[2]行對窗仔門前，逐家同心協力，beh kā 教室摒 hō͘ 清清氣氣[3]，無字紙、閣無 eng-ia[4]，hō͘ 咱讀冊感覺真快活。

阮是掃外口，老師分 hō͘ 阮--ê 有掃梳[5]，kah[6] 兩支夾仔，講 beh khioh 字紙 kap 夾塑膠袋仔，猶有畚箕 kap 鐮 lèk-á[7]，叫阮糞埽 tiòh-ài 摒，嘛著割草仔，老師特別按呢 kā 阮交代：工課逐家就分 pheⁿ 做[8]，分工合作 chiah 做會好勢。

掃--à 掃，掃 kah 誠歡喜，老師教阮『人生以服務為目的』，若無親目 khoàiⁿ[9]，sian 講[10] 恁嘛 m̄ 相信，阮 leh 掃塗跤，實在有影認真。掃去誠十分鐘，老師來 kā 阮巡視，看阮掃 kah 真趣味，就開喙 kā 阮教示：掃塗跤著掃 hō͘ 清氣，樹葉仔 tiòh-ài 清，塗粉仔 m̄-thang 掃 kah phōng-phōng-eng[11]，做工課著正經，bē 使 chit tiàm-chia[12] 冤家相爭；字紙、塑膠 kap 樹葉、柴仔枝，hām[13] 玻璃、鐵，攏著分開分類，mài lām-lām 做一堆，按呢垃圾仔 chiah 會好整理。

為著環保，逐家 ài 好好仔做，罐仔 phòe[14] kap 玻璃 khǹg

規位[15]，chiah bē hō͘ 人鑿著[16]流血水；字紙、紙 lok 仔[17]kap 樹葉柴仔枝，會使 chit 提去糞埽堆，放火燒，無要緊；塑膠製品、『寶特瓶』，「易開罐」集集規位，thang 做資源回收，m̄-thang bē 記得，按呢交代真要緊，一定著聽老師 ê 話，千萬 m̄-thang 貪著好 sńg，隨便將垃圾 tàn chhit-thô[18]，有聽矣抑無？

有！有！有！阮攏有聽著！一定聽老師 ê 話照做。

學校放學，轉到阮厝內，阿母叫我『習題』若寫完畢，tio̍h-ài giâ 掃帚掃塗跤，將客廳掃 hō͘ 好勢，若有人客來，chiah bē 感覺厭氣，hō͘ 人笑 tī 心內，阿母講：「人來 chiah 掃地，客去 chiah 煎茶」，m̄ 但歹勢，尻脊後閣會 hông phì-siùn[19]，「序大若無好樣，序細就 m̄ 成樣」，外歹聽你敢知。有影啦！人客 beh 來阮兜坐，chiah beh 掃塗跤，實在無禮，親像 beh 趕人走，有夠歹勢。

掃塗跤有人講做掃地，掃地掃地掃心地，有看著 ê 塗跤著掃，無看著 ê 心地嘛著掃，心地若掃有清，做代誌，萬項都真正經，講好話，做好代，慈悲喜捨攏總來，只要對人有好處，攏會歡喜一步一步做，m̄ 敢馬虎。阿媽時常 leh 唸阿彌陀佛，伊就常常按呢教示阮：「掃塗跤，ài ùi 心地掃起，心底 ê 垃圾若掃 hō͘ 清氣，心地清淨好做堆，心地若讚，心花一定芳，心地若善良，就 bē 做歹人。」阿媽 ê 話有夠 súi-tang-tang，逐家若照伊 ê 話去做，咱 ê 社會一定有希望。

「人來才掃地」無禮貌，「客去才煎茶」無誠意，掃塗跤，著 ùi 掃心地開始。

【註解】

1. 煎茶：choaⁿ-tê。
2. 桌布：m̄是桌巾，是[抹布]。
3. 清清氣氣：chheng-chheng-khì-khì。
4. eng-ia：[沾灰塵]。
5. 掃梳：竹掃帚。
6. kah：[附帶加上去]。
7. 鐮lẹk-á：[鐮刀]。
8. 分pheⁿ做：[分攤做]。
9. 親目khoàiⁿ：[親眼看見]。
10. sian 講：[再怎麼講]。
11. phōng-phōng-eng：[灰塵滿天飛]。
12. tiàm-chia：[在這裡]。
13. hām：[和]。
14. 罐仔phòe：玻璃矸ê破片。
15. khǹg 規位：[放在一起]。
16. 鑿著：chhǎk--著，[刺到]。
17. 紙lok仔：紙袋。
18. tàn chhit-thô：[丟著玩]。
19. hông phì-siùⁿ：hō͘人批評諷刺。

017

三--月 siáu[1] 媽祖。

四月份下半個月 ê 新聞，除了政治人物連、宋、陳、許 hō͘ 人炒 kah 會出油出汁以外，台灣人精神寄託 ê「媽祖婆」，嘛 hō͘ 信徒扛 leh iāⁿ-iāⁿ 飛[2]，鬧熱滾滾，而且閣也 kap 連、宋、陳、許 kap-kap 做一夥[3]，m̄ 知影是媽祖 leh 幫忙 in beh 選舉，抑是 in leh kā 媽祖婆過生日，leh tàu 歡喜。

歡喜 kā 媽祖慶祝生日 ê 齣頭真正濟，有迎媽祖 sèh 街，有割香團一路遙遠 ê 虔誠鑼鼓 tin-tong-chhāⁿ，陣頭濟濟，人聲喊喝，童乩戲看 bē 了，點心正頓隨你食，tòe[4] 拜 ê 善男信女上誠意，kan-na 為著信仰保庇，無政治、khah 油[5]、oai-ko-chhih-chhoàh[6] ê 代誌，「三--月 siáu 媽祖」，人伊媽祖婆也無講話，kan-na 目睭金金看世間凡人，為著 beh kā 伊祝壽，煞來 leh『瘋狂』，beh ùi 舊曆三月初 siáu kah 三月廿三暝，祈求媽祖婆會為咱台灣，救苦救難。信仰 ê 力量就是 chiah-nih 驚人，虔誠就有靈聖，媽祖慈悲，對有正信 ê 人一定有保庇，若是 beh 利用媽祖做愧心 ê 代誌，m̄ 但愚痴，閣較無恥。

「三--月 siáu 媽祖」已經 siáu 半個月，離咱人三月廿三媽祖生日，猶有一禮拜 thang 好看鬧熱，Beh 看著趕緊，若無 tio̍h-ài 等明年。

「三月siáu 媽祖」，今年ê新港奉天宮眞熱鬧，ùi 三月初，大甲媽祖去新港出巡進香開始，迎[7]媽祖ê齣頭就連紲無停，紲落去有彰化南瑤宮ê老二媽、興二媽、老五媽三个媽祖會ê 進香活動。閣紲落去三月中下旬ê 西螺、埔心媽進香，上重要ê 節目應該是三月廿二暗ê新港奉天宮媽祖祝壽大典，kap 三月廿三下晡三點ê 義工團祝壽大典。

信仰ê 力量有夠大，上虔誠ê 信徒就是tòe 拜ê 善男信女。

【註解】

1. siáu：[瘋狂於⋯熱衷於⋯]。
2. iāⁿ-iāⁿ 飛：到處亂飛。
3. kap-kap 做一夥：[牽連在一起]。
4. tòe 拜：跟tī 後壁，人拜伊就拜ê 人。
5. khah 油：從中取利。
6. oai-ko-chhih-chhoàh：[亂七八糟]。
7. 迎媽祖：ngiâ 媽祖。

018

一食，二穿。

「食，tiȯh 福--à！穿，tiȯh 祿--ā！」che 是阮庄裡流行 ê 一句話母，講福仔兄注重食，會曉享受，祿仔兄愛 súi，逐日都穿 kah phah-lih phah-lih[1]，裝 kah 一筵若荷蘭豆[2]，khiau-khiau-khiau[3]。

福仔兄有影較注重食，若是有 hit-lō 好食 ê 料理、四秀仔[4]，伊就無 leh 儉，只要橐袋仔[5]有 sián 頭仔[6]，定著無放伊干休，食落去腹肚內 chiah 講，伊定定按呢講：「有 thang 食，m̄ 食亦是戇。」講著食，喙笑目笑，食 ê 道理一大堆，講 kah hō͘ 人流喙瀾（涎）水。

其實福仔兄並 m̄ 是 hò͘n 食[7]、貪食，抑是大食、phah-phún 食[8]，閣較 m̄ 是講著食就爭破額 hit 款人，嘛 m̄ 是食飯用碗公，做工課閃西風 ê 貧惰仙，人伊食 kah 誠有氣質，真正是一位『饕餮』[9]美食者，雖然 m̄ 是 la-hin[10]，顧喙無顧身，但是對身穿[11]，伊是無啥要緊，無啥 tì 重。

祿仔兄拄好 kap 福仔兄顛倒反，講食伊無稀罕，講著穿，伊真正經，啥物 beh 穿 tiȯh-ài tòe 流行，啥物港貨 ê 衫好穿，英國 ê 毛料做西裝，m̄-chiah 會 phānn 閣 chhèng[12]，橫直若是進口貨，伊攏講好，價數較貴無關係。

會記得四十外年前，tân[13] leh 流行 hit-lo nai-lóng[14] the-tho-lóng[15] ê 時陣，一領褲五百箍，伊一擺買兩領，輪流穿，免熨褲巡就利劍劍，外省人講--ê：『筆挺！筆挺！』外 chhàu-chhèng[16]，你敢知？斯當時我 tân 出道做老師，一個月 ê 薪水嘛 chiah 700 外，穿--ê 是 kha-khih[17] 褲，無熨就 bē 孝孤得[18]，人福仔兄逐日都清閒清閒，kài-sêng[19] 阿舍大哥，he 是伊 ê 本頂。

「一食，二穿。」食、衣、住、行包含育、樂，食、穿本成就排頭前，人生人生，食、穿是上基本，食 hō 飽，穿 hō 燒，若是像阮庄裡 hit 兩位，beh 食，tiòh 福--à！無人會加講話，因為人伊福仔兄知食知拍拚，無像祿仔兄，beh 裝 súi-súi m̄ tín 動，beh 穿 tiòh 祿--à！尻川後人是愛批評，愛 ge-sé 講閒仔話。

「一食，二穿。」該食該穿，拄好就好，m̄-thang 傷重食，m̄-thang 傷奢華。

【註解】

1. pha-lih phah-lih:[光鮮照人]。
2. 荷蘭豆：[豌豆]。
3. khiau-khiau-khiau（chhio）:[翹翹的，筆直筆挺]。
4. 四秀仔：sì-siù-á。
5. 橐袋仔：[口袋裡]。
6. sián 頭仔：錢。
7. Hòⁿ 食：[好吃]。
8. phah-phún 食：浪費食。
9. 饕餮：tho-thiat。
10. la-hin：無愛清氣。
11. 身穿：[衣著]。
12. phāⁿ 閣 chhèng:[帥氣又出風頭]。
13. tân：[正在]。
14. nai-lóng：[尼龍]。
15. the-tó-lóng：[特多龍]。
16. 外 chhàu-chhèng：[多臭屁]。
17. kha-khih：[卡其布]。
18. bē 孝孤得：[不能看，見不得人]。
19. kài-sêng：[非常像]。

019

爸一頭，母三擔[1]。

（獻 hō 偉大 ê 母親）

自從 hit 工爸母創造我性命，
十月懷胎，攏 tòa-tī 阿母 ê 子宮內，
病囝真厲害，腹肚 chiah 大 kâi，
心情鬱卒，偷偷流目屎；
阿爸 kan-na 會曉歡喜我 beh 來，恬恬期待。
oâⁿ-á 一聲來到世界，阿母 thiám-kah 喙仔裂獅獅[2]，
為著幼 chíⁿ ê[3] 紅嬰，一目 nih 都 m̄ 敢離身邊，
beh 睏 àⁿ-tī keh-lang-kha[4]，食奶惜 tiàm 胸前，
chhōa 尿、溢奶[5]，放屎、洗浴[6]，hō 阿母真無閒；
阿爸 chhāi-tiàm[7] 阿母身邊聽命令，心情清清。
一歲兩歲手裡抱，三歲四歲塗跤 sô，
iah-beh[8] 洗衫，iah-beh 煮食，
iah-beh 顧 chit-ê 金囝，阿母 m̄-bat 講一句「厭[9]」，
拖磨嘛好，快樂嘛好，為著金囝，阿母攏真心適[10]；
阿爸 kā 我抱 chhit-thô，攏 tī 心情好。
五歲六歲 beh 讀冊，學校若 leh 行灶跤[11]，
驚我 tòe 人 bē 著[12]，逐日陪 leh 讀冊，
驚我 bē 大，送飯包閣陪我食，

ùi 入學到出業[13]，學校有伊誠濟跤跡；

阿爸關心--ê是「習題有寫抑無寫？」

十一二歲 beh tńg 大[14]，生理、心理攏要緊，

查埔會變聲，愛相拍，憖憖懂懂 tioh-ài 教，

查某囡仔 ê tap-tih[15] tioh-ài thōa[16]，知影 M.C[17] 是啥？

tīm 補[18]、營養，裝 súi[19]、買奶袴仔[20]，

著阿母 chiah 知影；

阿爸 ê 任務，付出錢銀，以外--ê 可以免聽。

升學競爭，阿母上犧牲，

早起款飯包，送出門，一分一秒等，期待平安入門，

為著考大學，讀到一半暝，阿母全款等到三更，

攢茶湯、泡牛奶，驚我寒，隨時 kā 我添衫[21]；

阿爸為著一家伙生活，已經入眠準備明仔載閣拚。

ùi 細漢 kā 阮 chhiâⁿ，chhiâⁿ[22] kah 大漢 beh 嫁娶，

阿母猶原 bē 放心，不 sám 時[23] 都 leh kā 我問，

你有快樂無！恁翁仔某 tioh-ài 和好！

知影阿母 m̄ 是 leh lô-so，因為阮嘛已經是人 ê 爸母；

chit-chūn ê 阿爸，阿母好，伊就好，好好好！bē lô-so。

「爸一頭，母三擔」，講去無 têng-tâⁿ[24]，

生囝、飼囝、chhiâⁿ 囝，攏是靠爸母，

阿爸是山，hō͘ 阮倚靠，

阿母 ê 疼，阿母 ê 惜，âⁿ[25] 阮大漢，是心靈 ê 水泉，

偉大 ê 母親，永遠是阮阿娘。

【註解】

1. 爸一頭, 母三擔：一擔分兩頭, 三擔是一頭ê六倍。

2. thiám-kah 喙仔裂獅獅：雖然生囝艱苦, 但是心內歡喜。

3. 幼chíⁿ：幼嫩。

4. àⁿ-tī keh-lang-kha：[在胳肢窩下呵護]。

5. 溢奶：ek-leng。

6. 洗浴：sé-e̍k。

7. chhāi-tiàm：[站在]。

8. iah-beh：[又要, 也要]。

9. 厭：ià, 討厭, 厭倦。

10. 心適：sim-sek, 趣味。

11. 若 leh 行灶跤：[像出入廚房那樣, 時常。]

12. tòe 人 bē 著：[跟不上別人]。

13. 出業：似為日語「卒業」之轉；畢業也。

14. tńg 大：進入青春期。

15. ta̍p-tih：lô-so 代誌。

16. tio̍h-ài thōa：需要學習。

17. M.C：月經（menstrual cycle）。

18. tīm 補：煮補品。

19. 裝 súi：[打扮]。

20. 奶袂仔：leng-kah-á, [乳罩]。

21. 添衫：thiⁿ-saⁿ。

22. chhiâⁿ：養育栽培。

23. 不 sám 時：隨時, 常常。

24. 無 têng-tâⁿ：無 m̄ 著。

25. âⁿ：[呵護]。

020

一雷，天下響。

　　《台灣俗語鹹酸甜》第一冊，選 tī 母親節 ê 前一工來出冊，有伊特別 ê 意義，因為 chit 本冊是眞眞正正用正港台灣 Hō-ló 人 ê Hō-ló 話，寫出台灣人 ê 聲影，透過講故事、笑談，用散文、詩歌、囡仔古 kap 日常生活 對談，將台灣俗語 ê 含意表達出來，有鹹酸苦 chiáⁿ ê 人生，有勸人做好代 ê 善言，嘛有批評無合時機 ê 語言，用眞白話閣通俗 ê Hō-ló 話來開講 ê 一本冊。

　　Chit 本冊會當出版 kap 讀者見面，tiȯh-ài 感謝賴許柔文教基金會 ê 贊助，賴許柔文教基金會 ê 董事長賴憲平先生，是一位有孝序大、疼惜家己土地台灣 ê 事業家，爲著感謝老母 ê chhiāⁿ 教，chiah 來成立這 ê 基金會，已經七年外，chit 擺是爲著會館 ê 開張[1]，kap 做一寡愛護鄉土、疼惜台灣 ê 工課，來慶祝母親節，而且出版 chit 本用母語書寫 ê 冊，實在有意義。

　　冊一下出，朋友才看著蕭平治 ê 名，連連喝聲：蕭老師，你 chit-mái「一雷，天下響」--à neh！害 Siau Lah-jih 嘛連連喝 m̄ 敢，出一本冊，哪有 hiah-nih 大名聲。

有一位老同窗 kā 我講，你寫 he 啥物碗糕，我看攏無。隨時唸一 chhiám hō 同窗 --ē 聽，聽了伊煞 o-ló 講你哪會 chiah-nih gâu，唸 --ē kap 咱講 --è chiah 親像。m̄-kú 你寫 he ABC 美國字，人敢看有？

我講 he abc m̄ 是美國字，ài 叫做白話字，嘛號做羅馬字，伊會當表達咱 ê 台灣話，老兄弟有學過，m̄-chiah 會曉寫出咱 ê 話。

原來是按呢生，會記得國校時代，蘇忠治 in 兄弟，leh 唸聖經 kap 唱聖詩，攏是 hit-lō 美國字，到 taⁿ chiah 知是羅馬字，實在了不起，老兄弟，老同窗，你 chit-mái 有影「一雷，天下響」，想 bē 到你 m̄ 是教友，哪會學 chit 步，有影 khiàng² to-tio̍h。

老兄弟 taⁿ 免 o-ló，嘛免 pòng 聲³，啥物「一雷，天下響」，無 hiah-nih gâu--lah。喙是按呢講，不過心內 ê 歡喜是無地講，外歡喜你敢知？好佳哉無笑出來，若無可能會落下頦，he 是無得確。

歡喜按怎？歡喜家己 ê 作品會見眾⁴？歡喜人會稱呼你是作家？歡喜蕭平治 ê 名聲已經響？實在 m̄-thang 相創治，若 beh siàu⁵ 想 chit 款 ê 眠夢，a̍h bē 曉來去做別項。

箍仔內 ê 人⁶攏知影，台文 chit 項工課，是一種向望，向望咱 ê 台灣話，無論客語、Hō-ló 抑原住民，攏會成做咱國 ê 官方語言，閣會當書寫，可惜 --ē 是關心 ê 人無濟，蹽落去做 ê 人閣較少，會當用母語書寫出冊 ê 人嘛無幾个，今仔日 chit 本《台灣俗語鹹酸甜》來出世，上希望 --ē 就是台文 ê 推

sak 會當「一雷，天下響」，hō 逐家攏知影chit 項工課ê 重要性，因為母語若滅，啥物是台灣文化？想就會驚。

【註解】

1. 開張：khai-tiang。

2. khiàng：gâu，厲害。

3. pòng 聲：[講話誇張]。

4. 會見眾：[見得了檯面]。

5. siàu 想：[非分之想]。

6. 箍仔內ê 人：[圈內人]。

021
空手戽蝦。

阿標--ê！逐家招招好來去--ò，九點外--ā！

好啦！二伯、四叔，恁準備好未？阮大伯leh 催--a，若好就隨來出發，講beh 先去kùi[1] 山跤hit 門，轉來chiah beh kùi 第三公墓阿公、阿媽chit 兩門啦。

Hò！kā 恁大伯講，會使chit 出發--lò！

阿標--ê！ah 恁兄弟仔是leh 創啥？「空手戽蝦」是beh 按怎kap 人去挂墓紙，m̄ chah chē[2]家私頭仔？

Chah 啥家私頭仔？m̄ 是講beh 挂墓紙--niâ，有chah 古仔紙就會使chit，哪著chah 啥物家私？

Ah 你有夠chảt 頭[3]，挂墓紙就m̄ 免chah 鋤頭、鐮lėk-á[4]、草keh-á[5]--hiòh？一年無整理，墓草m̄ 已經人外koân，親像he 牧草hiah-nih 濟，無草keh-á 來phut[6] 敢有伊ê 法度，猶有老鼠空嘛真厚[7]，著用鋤頭thoáⁿ-thoáⁿ[8]--leh，無，kan-na「空手戽蝦」是beh 去遨看心適--ê 講。

我ảh 知？

「空手戽蝦」beh 汰hòⁿ，雙手空空，抑無畚箕抑無網仔，算講蝦仔規魚港，嘛是無彩工，敢m̄ 是咧！

Beh 讀冊tiòh-ài chah 冊phāiⁿ-á，beh 做工tiòh-ài 有家私

chiah 做會 tín 動，若是「空手戽蝦」就 beh 去讀冊，就 beh 去
工地，會 hông giat-láu 轉去食家己；另外若是應酬 beh 去人兜
做人客，「空手戽蝦」是眞歹勢，北京話講--è：『兩串蕉、
空手道』是失禮，m̄ 是人 leh 貪你 hit sut 仔物件。

【註解】

1. kùi：掛，kòa。
2. chah chē：帶一寡仔，[帶一些]。
3. chảt 頭：頭殼 tēng-tēng [硬硬]，bē 曉變 khiàu [變通]。
4. 鐮 lẻk-á：[鐮刀]。
5. 草 keh-á：像 L 形 ê 刀仔。
6. phut：phut、tok、chām 攏是斬 ê [刀法]。
7. 眞厚：chin-kāu，[很多] m̄ 是 [很厚]。
8. thoá^n：用鋤頭鋤草 ê 動作。

022

人喊¹, tòe 人喊；
人娶娘, 我娶kán。

老江--ê！最近買啥麼股？看你喙笑目笑，滿面春風，趁bē少ê款--ô！

ah 有？ah-to「人喊, tòe 人喊；人娶娘, 我娶kán」, tòe 洪大--ê買兩三支啦，人洪大--ê資金粗，看會光thang², 算會準, chit 擺買電電股, 連起一禮拜, 今仔日『漲停板』³, m̄ 趁 beh 規百萬, 我--ò, 賺chē所費仔, 比薪水無較輸啦！ah 你咧？

我？我kap 你無全款，看報紙，分析股市，看有穩--ê才加減買--兩張à, m̄ 敢傷冒險, 趁是無偌濟, 不過較放心, 心肝較bē tòa-hia phòng⁵--一下 naih⁵--一下。Tòe 大戶有 tòe 大戶ê好處, 就親像你講--è:「人喊, tòe 人喊；人娶娘, 我娶kán」, 分一屑仔肉幼仔⁶, 嘛bē-bái 空⁷。m̄-kú 若是tòe 著人 leh 炒作, 炒bē khit 來ê時陣, 『跌停板』敢會 hō͘ 你套牢bē 翻身！

Phúi, phúi, phúi⁸！大妗喙⁹, 烏鴉喙, 無講mài thih, 見講就無好代誌。

人 tng-leh 趁¹⁰, 你煞 leh kā 人潑冷水, 雖然是眞理, 人嘛 m̄ 聽你, 莫怪chín ê時代, chín ê社會, 人人都 leh 炒股票,

猶 m̄ 是「人喊，tòe 人喊；人娶娘，我娶 kán¹¹」，chhōe 幾个
眞正瞭解股市 leh 做正式投資，喊喊喝喝 ê 生理較鬧熱，ioh
來 ioh 去有起有落 ê 市場較精彩。

【註解】

1. 喊：hán。
2. 光 thang：透明清楚。
3. 漲停板：tiòng-thêng-pán。
4. phòng：[凸]。
5. naih:[凹]。
6. 分一屑仔肉幼仔：[分一杯羹]。
7. 嘛 bē-bái 空：[也不錯]。
8. Phúi, phúi, phúi！:[呸呸呸]。
9. 大妗喙，烏鴉喙：出喙無好話 ê 意思。
10. tng-leh 趁：[正在賺]。
11. kán：kán 婢女。

023

瞞爸[1]，騙母。

胡先生，明仔載敢有閒工，拜託來學校一choā[2]，有代誌想beh kap 你參詳，是關係你ê 後生胡百萊，最近出現ê 一寡各樣[3]ê 代誌…。

啥物代誌？有hiah-nih 嚴重--是 m̄？…好啦！明仔載一定會去，感謝老師ê 關心。

是按呢啦！胡先生！最近常常khoài[n][4] 胡百萊買物件送同學，同學攏講胡百萊in 兜真好額，想bē 到叫伊將橐袋仔內ê 物件jîm-jîm[5] 出來看，十箍--ê 百箍--ê 滿四界，閣有兩張一千--ê，無可能是恁序大人hō 伊chiah-tiȯh？若按呢，敢會……？

你chit-ê 死囡仔咧！使恁niâ！你會kā 恁爸騙，騙kah hō 我戀戀sȯh，頂個月chiah 騙講恁班裡有一个囡仔in 兜需要救濟，kā 我提兩千箍，閣去kā in 母--à 討兩千，tang 時仔無影無一跡，chiah hō 我kòng[6] kah 叫m̄ 敢。Chit-mái 猶閣leh 作怪，是beh 討皮疼--ê 是無，你chiah-ê 錢[7]tòe 佗位來--ē，緊kā 阿爸講，若無恁爸就kā 你拍--死。

胡先生！ta[n] 好--à 啦，tī-chia[8] 學生囡仔chiah 濟，大細聲無kat-lah 好[9]，beh chhiû[10] beh 問轉去厝裡chiah 來問清楚，tī

學校 hō͘ 老師來教導就好。

胡百萊，遮 ê 錢 ùi 佗來 --ē？囡仔人 ài 講老實話，m̄-thang 像恁阿爸講按呢，「瞞爸，騙母」就 m̄ 是乖學生，你講，錢 ùi toeh 來 --ē。

Kā 阮阿母提 --è！

你閣 kā 恁阿母講白賊話 --ā hoⁿh？恁爸就知知咧，照實講，按怎 kā 恁母 --à 騙 --è。

我…我…

胡先生！taⁿ 咱 mài 閣 chhiû 落去，hō͘ 我勻勻仔來處理。胡百萊你轉去坐位坐。

胡先生！囡仔會按呢 kā 恁騙，可能 kap 恁 ê 教示有關係 --ò͘，恁大人逐日 chiah 無閒，罕得 kap 囡仔開講，平常時講 beh 錢就錢 hō͘ 伊，也無 leh 問講 beh 創啥貨，閣是你 chiah 歹性地，雖然你有心 beh 教囝，但是方法真重要，親像 tú-chiah 按呢氣 phut-phut，就 m̄ 是教囡仔 ê 好方法，真失禮，煞 kā 你講 chiah 濟，歹勢歹勢！

老師，你 m̄-thang 按呢講，感謝老師 ê 指導，惹老師麻煩，歹勢啦！

做人 tiòh-ài 有 chām-chat，情理照路理來，「瞞爸，騙母」不應該，細漢若無教，大漢就教 bē 來，人講細漢偷挽匏，大漢就偷牽牛，chit 位仁兄性地有較衝碰，講話有較無適當，m̄-kú 人伊無 sēng 囝[11]，知囝做歹不應該，tiòh-ài 教，可惜教囝 ê 方法有較頇顢，好佳哉，大膽 kā 伊講理由，伊閣無見怪，相信 chit 个囡仔一定得救。

【註解】

1. 瞞爸：môa-pē。
2. 一choā：[一趟]。
3. 各樣：[異樣]。
4. khoàiⁿ：khoàⁿ-kiⁿ。看見。
5. jîm：[從袋中取物]。
6. kòng：用棍仔拍。
7. chiah-ê 錢：[這些錢]。
8. chia：遮，[這兒]。
9. 無 kat-lah 好：[不太好]。
10. chhiû：追究。
11. sēng 囝：寵愛囝仔。

024
天地疼戇人。

「木佳 Gas 行」是 -- 無？遮是蕭老師 in 兜，Gas 載一桶來，多謝！

Gas 來 --lò！

來坐！木佳大 --ē，先 lim 一甌茶！

來！beh 坐就來坐，小歇睏一下無關係。

哪著 chiah-nih 拚，m̄ 叫恁後 --ē 載就好！

Chit 款工課 chiah 粗重，哪 thang 閣 hō͘ 少年 --ē 蹔落來 liân-hôe，m̄-thang m̄-thang，看破 hō͘ 少年 --ē in 家己去 pháng[1]，上衰 bái 嘛 bē 親像我 chiah-nih bē 輕鬆。

敢 bē 做了傷食力，六十外 --lioh，敢 bē-thiám[2]？

講 sńg 笑 --è lah，好佳哉「天地疼戇人」，媽祖婆有保庇，thiám 罔 thiám，一日載 -- 二三十支 à 猶會堪得，che 攏是少年時代鍛練 -- 出來 è，戇顢人，閣出世 tī 庄跤，做散鄉人囝，細漢 tiȯh-ài 做，kut-la̍t 是命，煞變做本性，一日若無工課做，規身軀就 bē 自在，做工做工，別人是 bē 輕鬆，我是做著誠趣味，李炳輝唱 --è「食苦當做食補」，你無 khoàiⁿ 伊 lio̍k-thiòng[3]--kah，無要緊啦！

「天地疼戇人」，嘛是有影，老實人，知食知做，戇戇仔

做，bē kap 人 khe-khó⁴，該做就來做，該歇就來歇，有運動，有休息，身體自然勇，m̄ 是神明 leh tàu 保庇，實在是家己拚勢，實實在在 leh 過日，平常心，過平常日，歡喜自在就會食百二。

【註解】

1. pháng：紡，做。

2. 敢 bē-thiám：[不會疲勞嗎]？

3. liók-thiòng：逍遙自在，快樂無

比。

4. khe-khó：稽考，計較。

025
王氏家廟，看做土民豬朝。

　　有兩个愛 chhit-thô、愛 thih-siông、興講話 ê 朋友，相招散步行街路，沿路行沿路 phò-tāu[1]，m̄ 是尻川後罵皇帝，就是論食講穿，抑是會[2] kiáu 場[3]、查某間[4]，那講那笑來到大通[5]，beh 幹入去小巷 sńg 笑[6]，有夠無正經。

　　雄雄[7] 老陳--ē 問老李--è: chín ê 世界真心適，連一間豆油間[8]都廣告 kah chiah chhiaⁿ-iāⁿ[9]，看板[10] chhāi[11] kah hiah 大支，指明講幹對 chit 片就有看著，奇怪？已經幹入來巷仔底，哪會看無？

　　Tī-toeh[12]？我哪會無看？

　　Tī tú-chiah 幹角進前遐，寫 kah hiah-nih 大字，你無 khoàiⁿ？

　　按怎寫？

　　「阿端哥醬料」啦！

　　Hò！按呢--ò，你看 m̄ 著去--à lah，人是寫：「何瑞奇醫科」，m̄ 是「阿端哥醬料」啦！

　　敢按呢？chiah-ê 字[13] 哪會 chiah-nih 全款？

　　Chiâ[14] 叫你細漢 m̄ 認真讀冊，有一句俗語按呢講：「王氏[15]家廟，看做土民豬朝[16]」，就是 kap 你 ê 白目[17]全一款，

beh 認漢字著 sè-jī[18]，阿 kap 何、端 kap 瑞、哥 kap 奇、醫 kap 醫、料 kap 科攏眞相仝[19]，但是若 kā 對照一下，實在是有精差[20]。

我 ā 知？？？

「何瑞奇醫科」會看做「阿端哥醫料」，「王氏家廟」會看做「土民豬朝」，是對漢字筆劃無斟酌，莫怪有文字學者講「漢字」實在是台灣文化 ê 包袱仔，咱 ê 學生囡仔，國小讀六年，chhōe 有幾个有法度喙講北京語，手寫通順流利 ê 華語文章？若是 beh 全部用漢字來寫台語文--ê，就閣較食力。

嘛有人按呢講，he 漢字實在有學問，六書造字有道理，看字型就知影意思，日、月、川、木攏眞 sêng[21] 自然、實物？兩跤開開是人，雙手 thián 開[22]叫做大，大 ê 頂頭加一橫就是天；一橫 ê 頂面叫做上，下面就是下；木 ê 頭頂一撇，就是會結穗 ê 禾，下 丬 主根加一橫做記號，講是本，根本 ê 意思。聽按呢解說，閣有影眞合理有意思，m̄-kú 拜託小借問一下，像按呢解說會通--ê 到底有幾字？bē 通--ê 又閣有幾字？而且咱 beh bat chiah-ê 漢字著用偌濟時間，著經過幾年，chiah 有 chit 款認識？無，你若 kā chiah-ê 字寫 hō͘ m̄-bat 漢字 ê 人 ioh[23]，ioh 看 chiah-ê 字 sêng 啥物，是啥物意思，he 可能眞趣味--ò͘。

雖然目前是無法度放棄漢字，總是認 bat 羅馬字（白話字）了後，beh 寫台語文，已經 bē hō͘ 漢字縛死死，觀念小改變一下，beh 按怎寫，就隨在我歡喜。

【註解】

1. phò-tāu：[閒談]。
2. 會：[會話]。
3. kiáu 場：賭場。
4. 查某間：色情場所。
5. 大通：公路主線。
6. sńg 笑：[玩笑一下]可能是 poảh-kiáu，抑是嫖妓。
7. 雄雄：突然間。
8. 豆油間：醬油坊。
9. chiah chhiaⁿ-iāⁿ：[這麼奢侈愛現]。
10. 看板：khàn-pán（páng）。招牌
11. chhāi：[豎立]。
12. Tī-toeh：[在那兒]。
13. chiah-ê 字：[這些字]。
14. chiâ：誰。
15. 王氏：Ông--sì（sī）。
16. 豬朝：ti-tiâu，朝，借音字。
17. 白目：[有看不認得]。
18. sè-jī：小心。
19. 相仝：相同。
20. 精差：差別。
21. sêng：像。
22. thián 開：[展開]。
23. ioh：[猜]。

026
近廟欺神。

下晡閒閒，kap 人店仔頭罔 phò-tāu，畫山畫水順紲 sîn[1] 看有啥物話鬚[2]thang 好充實俗語鹹酸甜 ê 內涵[3]。

蕭老師，聽講咱遮 ê 國中真 bái 敢有影？聽講一寡國校仔畢業生攏 beh 去讀外位仔[4]。

國中真 bái？逐年嘛有人 leh 講，逐年若到四五月，學生仔 beh 出業進前，就有人按呢批評，讀咱遮 ê 國中 m̄ 好，beh 讀 tiòh-ài 讀私立--ê，抑是搬去員林、彰化讀，水準較 koân，風氣較好。

敢按呢？啥人 leh 講？猶 m̄ 是「近廟欺神」，「近廟欺神」ê 心理 leh 作怪，toeh[5] 一間學校無歹囡仔？就是明星學校，歹學生全款有，國中 tī 咱厝邊兜，喙見目見，好--ê 無感覺，歹--ê 看 kap 真詳細，hō͘ 人一下議論，逐家煞有影叫是咱遮 ê 國中有偌 bái，實在是無根據，你 kā 小探聽，每年咱遮國中考 tiâu 省中--ê 有幾个，chiah 來做批評，chiah 來做決定。

「近廟欺神」？老師按呢講閣有道理，親像阮庄裡 ê 廟寺，觀神明問童乩，大多數攏是外位仔人，家己庄內問神--ē 實在無幾个，阮攏 tī 年節仔 chiah 有去拜拜敬禮。

著--ā！「北港媽祖，興外鄉」，就是chit款心理，咱遮ê國中，會讀得啦！mài躊躇。

1. sîn：承，[接受]。
2. 話鬚：話語。
3. 內涵：lāi-hâm；lōe-hâm。
4. 外位仔：[外地]。
5. toeh：toh，佗位。

027

一日無講女（理），
三日無生理。

阿炳，中米巷仔遛有 mngh-sngh--è[1]，你敢知？

啥物 mngh-sngh--è？

坐 tī 路邊，穿 súi-súi，胸仔 kek làu-làu[2]，你若 toh-hia 過[3]，會用手 kā 你 iàt[4]：「來啦！來啦！」

老兄弟，歲頭已經六十 thóng，講話著較 sè-jī，m̄-thang 不答不七，若去 hō͘ 序細聽著，抑是身邊有查某囡仔，講 chit 種話攏無合時機，閣講咱若食老著愛守，m̄-thang 老不修，chiah 會長歲壽，好佳哉 kan-na 咱幾个老兄弟講笑談--niâ！

老師！阮是莽夫，無親像你，阮是「一日無講女，三日無生理」，無按呢罔 thih 罔 thih，是 beh 按怎過日，不過，bē--lah，若有查某人囡仔庀 tī 遮，阮會有 chhām-chat[5] 啦！

老兄弟！是「一日無講理，三日無生理」，是講道理 ê 理，做生理 tiòh-ài 有生理喙，嘛愛有照道理，斤兩有準，價數公道，『童叟無欺[6]』，就是生理人 ê 道理，若是偷減斤兩，算人較貴，hō͘ 你騙一擺，以後啥人敢閣來交關。

做人 tiòh-ài 講道理，m̄-thang 閒閒話東話西，掠查某代誌講 chhit-thô，按呢有較欠衛生，嘛會 hō͘ 人警惕講做人無正經。

【註解】

1. mngh-sngh--è：魔神仔，歹物仔，
   遮指有趁食查某。

2. làu-làu：[露出狀]。

3. toh-hia 過：[從那兒經過]。

4. kā 你 iàt：[向你招手]。

5. chām-chat：節制。

6. 童叟無欺：tông-sơ bô-khi。

028
鐵拍--è 都無雙條性命。

阿環嫂--à，好歇睏--à，看你日也做，暝也做，一日 m̄
做 beh 到十四點鐘，敢堪會得去，該做著做，該歇嘛著歇，
m̄-thang 爲著趁錢，煞來「錢大百人落肉」著 m̄ 好，好歇睏--à
lah。

就是按呢--m̄，阮做 chit 途--ē，無按呢拚是 bē 使 chit，步
步著手工，切紙、tǹg[1] 印、包裝、送貨，若 kan-na 靠阮頭--
ê[2] 一人，就是「鐵拍--è 都無雙條性命」，姑不而將無 kā tàu
khit-leh 做[3]，無，beh 放 leh hō͘ 拖，放 leh hō͘ 倒--hioh！

講嘛有道理，不過身體著顧，傷貪做是會拍歹身體，人
講「有前棚，嘛 tioh-ài 有後棚」，親像恁翁仔某按呢和好相
kēng，實在無地 chhōe，莫怪錢財直直來，也 hak 車[4]，也起
樓仔厝，而且查某囝後生攏有 leh 栽培，出有好子弟，莫怪
恁按呢拚生拚死攏無怨感。阿環嫂--à，你實在 hō͘ 人感心，
hō͘ 人 o-ló，嘛 kā 你恭喜，一家和樂過日，後屆 ê 模範母親應
該愛推薦[5]你。

感謝啦，按呢 kā 阮鼓勵，按呢 kā 阮 o-ló，想著眞歹勢。
來坐啦！

【註解】

1. tǹg 印：[蓋印]。
2. 阮頭--è：阮頭家，阮翁婿，一家之主。
3. khit-leh 做：[跟著一起工作]。
4. hak 車：買車。
5. 推薦：thui-chiàn。

029

一工寒，一工漏，
半暝透風吹倒樓。

講起細漢 ê 故事，使人心情真鬱卒，
想 beh 講 hō͘ 逐家聽，恐驚少年 --ê 會議論，
親像 chit 款狗屎乾[1]，聽聽咧是 beh 創啥？
無講亦是真艱苦，拜託請恁小忍耐。
四十外多前，台灣拄好降服[2]後，
日本仔轉去了，國民黨 chiâⁿ-á 來到[3]，
萬項 tng tín 動[4]，向望生活變輕鬆，
可惜四萬換一箍[5]，生活艱難亂 chhau-chhau[6]。
食是番薯簽飯配菜脯，放屎放著 chiah 大箍，
穿是補了閣再補，beh 穿鞋做你免孝孤[7]，
tòa--ê[8] 竹管厝，壁抹牛屎攪綿 hu[9]，
厝頂 khàm 稻草，有人叫做草厝。
睏竹仔眠床，熱人真正涼，寒天就 hiau-hēng，
跤手凍 kah 疼，無暖氣，用火籠，
草蓆下底 chhu 草 chhiⁿ[10]，面頂 chiah 蓋十二斤 ê 破棉被[11]，
阿爸、ī--á[12]，大兄、二姊，我 kap 小弟，
kheh-kheh 做一夥[13]，講按呢較燒烙，實在是不得已。
穿是穿 bē 燒，睏是冷 ki-ki，

厝頂若是àu[14]去，壁縫若是大裂，

閣是tāg著十二月天，起北風，烏寒兼落雨，

眞正有影「一工寒，一工漏，半暝透風吹倒樓」。

少年朋友好佳哉，出世tī chín ê時代，

食穿富足無煩無惱，m̄知影啥物是悲哀，

奉勸各位少年兄，少年阿姊，

人愛惜福，認眞拍拚，認眞讀冊才合理。

【註解】

1. 狗屎乾：[陳年往事]。
2. 降服：kàng-hòk，日本投降。
3. chiân-á 來到：[剛剛]來到。
4. tng tín 動：[正在變動]。
5. 四萬換一箍：大約1950年舊台弊四萬箍（元）換新台弊一箍。物資波動眞属害。
6. 亂 chhau-chhau：[亂七八糟]。
7. 免孝孤：免想，孝孤本來是講孝孤魂野鬼，借用做大食，粗魯食，無情願hō人食ê歹聽話。
8. tòa--è：[住的]。
9. 綿 hu：[棉屑，紙屑]。
10. chhu 草 chhiⁿ：[墊新鮮的稻草做墊被]。
11. 十二斤 ê 破棉被：古早流行大棉被。
12. ī--ā：阿母。
13. kheh-kheh 做一夥：[擠在一起]。
14. àu 去：[腐壞]。

030

一粒米，流幾若百粒汗。

時間：拜一中晝十二點八分。

地點：田中國小四年六班教室。

代誌：食中晝飯。（學校代定、家長家己送、學生家己出外買，攏已經提入來教室。）

各位小朋友，準備食飯，講感謝 ê 話：「感謝天，感謝地，感謝老母 kap 老爸，感謝作穡人，感謝生理人，感謝逐家，逐家請用！」⋯⋯

老師！我食飽--à！（提飯包 khòk 仔[1] hō͘ 老師檢查。）

猶 chhun hiah-nih 濟[2]，閣去 pe hō͘ 清氣[3]，chiah-nih 好食 ê 飯包，應該 ài 食 hō͘ 完，chiah bē 無彩。

老師！我食飽--à！（全款提飯包 khòk 仔 hō͘ 老師檢查。）

哪會 chhun chiah 濟？按呢就 beh tàn 掉[4]，敢 bē 傷討債？閣去 pe hō͘ 了！

老師！人食 bē 落去！

食 bē 落去？你知影作田人播稻仔是輕鬆抑是快活？

真艱苦！

著--ā！iā 秧仔，播田，割稻，猶閣著曝粟，絞米[5]，「一

粒米，流幾若百粒汗」，你敢知？chhun chiah 濟就 beh kā tàn hìⁿ-sak[6]，bē 使 chit，食清氣 chiah 閣提來 hō 老師檢查。

食飯飽，老師隨機教學：各位小朋友！較早生活較艱苦，食穿眞 bái，阮阿母攏教阮 pe 飯愛 pe hō 清氣，若 pe 無清氣，就 kā 阮騙講會變貓仔面，所以阮 ê 飯碗內攏 m̄ 敢留有飯粒仔，逐碗飯攏嘛 pe kah 清氣清氣，哪有 thang 像恁 chit-mái 按呢，食無一半就嫌歹食，就 beh kā tàn 掉，實在無彩閣浪費。恁 ài 知作田人播田割稻是偌呢辛苦，恁爸母趁錢嘛是無快活，敢 m̄ 是？所以咱食飯 tiòh-ài 食 hō 清氣，m̄-thang chhun 咧抨掉，有聽矣無！頂學期咱讀一首憫農詩，恁 m̄ 知猶會記得無？『鋤禾日當午…『鋤禾日當午，汗滴禾下土；誰知盤中飧，粒粒皆辛苦。』

著！著！著！「tû-hô jit tong ngó͘, hān tih hô hā thó͘；sûi ti poân tiong sun, lip-lip kai sin-khó͘。」意思就是講咱 leh 食 ê 飯，每一粒米攏是農夫辛辛苦苦，曝日流汗得來--è，「一粒米，流幾若百粒汗」，所以逐家著惜福，m̄-thang 討債，了解老師 ê 意思無？

【註解】

1. 飯包 khòk 仔：[飯盒]。
2. 猶 chhun hiah-nih 濟：[還剩那麼多]。
3. pe hō 清氣：[扒（飯）焦淨]。
4. tàn 掉：[丟掉]。
5. 絞米：[碾米]。
6. tàn hìⁿ-sak：tàn 掉：[丟掉]。

031

青盲--ê 挽菜瓜,
ùi 頭 bong¹ 到尾。

　　各位小朋友，掀開數學課本 54 頁，繼續分數 ê 加法[2]，看例題[3]三：

　　* 阿標--e 買糖 3／5 公斤，阿芬買糖 1／5 公斤，兩个人攏總買幾公斤？

　　看烏枋！3／5+1／5＝？分母無變，分子 3+1＝4，所以答案是 4／5 公斤。會記得，分母無變，分子加分子。

　　繼續看例題四：

　　* 3 又 2／6+2 又 4／6＝？beh 按怎算？

　　整數 3+2＝5，分子 2+4＝6，分母 6 無變，所以是 5 又 6／6，因爲 6／6 是假分數，ài 變做整數 1，1+6＝7，所以答案是 7。會記得，ài 一步一步來，親像「青盲--ê 挽菜瓜」按呢，「ùi 頭 bong 到尾」。匀匀仔來，m̄-thang 貧惰嫌麻煩，靠勢頭殼巧會曉心算，就趕緊 beh 寫了排第一，計算過程無寫，kan-na 簡單寫答案，按呢 bē 使 chit。

　　老師！啥物是「青盲--ê 挽菜瓜，ùi 頭 bong 到尾」？

　　青盲--ê 無看著菜瓜外大條，m̄ 知影佗一條 thang 挽，佗一條 m̄-thang 挽，只好 ùi 頭 bong 到尾，用手去感覺，chiah bē 挽 m̄ 著。算數學叫恁 ài「青盲--ê 挽菜瓜，ùi 頭 bong 到尾」，

就是叫恁著小心，一步一步來，照順序，chiah bē têng-tân⁴ 去。Chit-má 開始寫練習題！寫好提來老師批改！

　　吳嘉禾，你又 kiat m̄ 著去⁵--à，tú-chiah 明明 kā 恁交代，假分數著化做整數抑是帶分數⁶，你就是 chheⁿ 狂狗⁷，kan-na 靠聰明，是會 hō͘ 聰明誤著，重閣寫一擺，會記得，學「青盲--ê 挽茉瓜，ùi 頭 bong 到尾」按呢，照步來，一步一步來，m̄-thang iáu-chiat⁸，m̄-thang 貧惰，用心算，抑是用 ioh--ê⁹。

　　做代誌著頂真，工夫慢 chiah 有好貨色，「青盲--ê 挽茉瓜，ùi 頭 bong 到尾」，『慢工出細活』無差錯。

【註解】

1. bong：摸。
2. 加法：ke-hoat。
3. 例題：lē-tê。
4. têng-tân：錯誤。
5. kiat m̄ 著去：[弄錯了]。
6. 帶分數：tài-hun-sò͘。
7. chheⁿ 狂狗：[莽撞]。
8. iau-chiat：簡略省事。
9. 用 ioh--ê：用猜--ê。

032
狗 leh lop 燒 ám[1]。

老師！我食飽--à！

哪會食 hiah 緊？m̄-chiah 過五分鐘--niâ！

老師！汪嘉九食足大喙--ê，lim 湯閣 lim kah chhȯp-chhȯp 叫，足歹聽--ê，親像狗仔 leh 食牛奶按呢，『好難看哦！』

he 叫做「狗 leh lop 燒 ám」啦！狗仔無手 thang giâ 箸 pe 飯，只好用喙管去咬、去 suh[2]、去舐、去撈…無法度、kan-na 有喙 thang 用--niâ，若 tn̄g 著燒糜、燒 ám，無食真艱苦，beh 食閣燒燙燙，chhȯp-chhȯp 叫，一面食一面喝燒，「狗 leh lop 燒 ám」，好看 siùⁿ 抑歹看 siùⁿ？

歹看 siùⁿ！咱是人--neh，抑m̄是狗--kong？

著！食物件 tiȯh-ài 有好看相，勻勻仔食，勻勻仔哺，哺 ê 時陣，喙 m̄-thang peh 開，喙若開，聲音就走出來，m̄但歹聽，嘛是無禮貌，若是食樣歹看相，大喙哺閣大喙吞，親像「狗 leh lop 燒 ám」，hông 笑 tī 心內，hông 譬相（phì-siùⁿ）kah 落下頦[3]，就真 m̄ 值。

【註解】

1. ám：[飯湯]。

2. suh、舐、撈：suh、chīⁿ、lā。[吸、舐、攪]。

3. 落下頦：[下巴脫臼]。

033
萬年翻。

　　今仔日是週末禮拜六，恁做科任--ē上輕鬆，無排課，規早起閒lô-so[1]，ṁ著掠虱母相咬。

　　看人leh輕鬆，你ṁ-leh目空赤[2]tō-tióh？既然感覺hiah輕鬆，親像你蕭老師chiah-nih多才多藝，ṁ-tō kap阮仝款蹽落來做科任--ē！

　　He我也敢？che大學校，一个年級十thóng班[3]，做科任老師，講輕鬆，有影準備一課資料，就會當使用十thóng擺，經濟閣省事；ṁ-kú共一項教材tióh-ài liū十幾遍，敢bē liū kah臭酸，liū[4] kah講話變大舌？chit種「萬年翻」無變款機械性ê工課，我上無愛，實在無趣味，kap恁滾笑--ê啦。講實在科任老師上厲害，一節課換一班學生，講仝款ê內容，一禮拜中較講就是彼ê範圍內，kap家庭主婦全一樣，「萬年翻」，翻bē-siān[5]，實在有耐性，為著教育來犧牲，應該受尊敬。

　　「萬年翻」ṁ-thang kiat做[6]萬人翻去，「萬年翻」是翻bē-siān，正經工課翻bē-siān，為社會來犧牲，是o-ló；若是為著不如意來lô-so，全款話句哪leh講chhit-thô hit種ê「萬年翻」就ṁ好；抑是有一種記持無好，一句話語講幾若套，

sian 講就講 bē 了，害--lò，he 是老 thian-thòh[7]，老人癡呆 m̄
知影煩惱。

【註解】

1. 閒 lô-so：[閒得發慌]。
2. 目空赤：[眼紅]。
3. 十 thóng 班：[十班多一些]。
4. liū：餾，[復習]。

5. bē-siān：[不厭倦]。
6. kiat 做：[弄錯成…]。
7. 老 thian-thòh：老番癲。

034

弓蕉選別仔，拍出籠外。

Beh 食弓蕉 ài 在欉黃[1]，到分[2]好滋味，會 khiū 閣會甜，若是內山水里坑出產 ê 弓蕉，khiū[3]甜免議論，上讚就是 hit 種芳味，食過 ê 人 o-ló kah tak 喙舌。（莫怪北京語講做『香蕉』）

Tak 喙舌是 tak 喙舌，m̄-kú 上出名 ê 弓蕉 tī 別位，m̄ 是 tī 水里，tī 佗位？tī 旗山！爲啥物？三 siap 年[4]前 ê 旗山是弓蕉王國，大概逐家攏猶會記，旗山弓蕉大 pî 閣大 jí[5]，斯當時，大部分攏 teh 銷日本，逐家趁大錢，聽講銀行銀票 chhun kah 滿滿是，可惜 chit-mái 已經變稀微[6]。

旗山弓蕉 beh 運銷日本，著品質檢查通過 chiah 會使得出口，beh 如何來選別，當然是 ài 好看頭[7]，逐 pî 逐 jí tiòh-ài 拄好大，m̄-thang 有虫食，bē 使 chit 有破空，因爲著過鹹水，iân-chhiân 日子[8]，傷飽 tīⁿ 閣傷到分，攏 bē 堪得，所以一弓弓蕉若有七分飽，tiòh-ài 割 leh 走，若無 tiòh-ài khǹg-leh 內銷。內銷弓蕉因爲無到分，雖然有甜，m̄-kú 水水[9]，kap 水里坑 ê 山蕉比，滋味實在差誠濟。「弓蕉選別仔，拍出籠外」--ē 就是無合格，「選別仔」kap 北京語『分門別類篩選[10]』共意思，攏是爲著維持統一品質 chiah-tiòh 來選別。

2000 年ê總統選舉目一下 nih 就到，到時 beh 按怎選別，tioh-ài 看選民ê智慧，好看--ê 無一定好食，好品牌嘛無一定上 gâu，因為 che 攏是表面，啥人對咱台灣上有疼心，啥人一向對咱台灣文化有關懷……，攏是選別ê條件，若無合 chiah-ê 條件，定著 hō͘ 人拍出籠外[11]。

【註解】

1. 在欉黃：chāi-châng-n̂g。
2. 到分：十分ê成熟。
3. khiū：Q。
4. 三 siap 年：三四十年。
5. 大 pî 閣大 jí：弓蕉[一排]叫一 pî，[一支]叫一 jí。
6. 稀微：[式微不如從前]。
7. 好看頭：表面好看。
8. iân-chhiân 日子：拖時間。
9. 水水：chúi-chúi。像水 bē Q。
10. 篩選：thai-soán。
11. 拍出籠外：[淘汰出局]。

035

讀冊，讀tī 尻脊骿[1]。

1948 hit 年，虛歲8歲，九月初有一工早起，歡歡喜喜 tòe 阿兄去學仔[2]讀冊，讀六年無夠，閣加讀一年補習班來 tàu[3]，原因是五六年ê 時陣讀牛仔班，每工去學校 m̄是爲勞動服務，就是hō 阮sńg 球、唱歌 lā 曲做獎勵，囝仔人[4] bat chē 啥？有thang sńg，有thang chhit-thô 上蓋thiòng[5]，上好是規日 mài 讀，管汝伊考試會通過抑bē 通過，落第就落第[6]，驚啥貨？學生 m̄ 讀，先--ê[7] 嘛趁閒趁輕鬆，國語、數學……一日大概教無三節，有教那無教咧，從按呢準拄好，siáng 叫恁是牛仔班ê 歹貨。

就是按呢，成績愈來愈 bái，阿爸罵我哪會愈讀愈倒 nňg[8]，阿伯笑笑仔kâ[9] 消遣：ah-to「讀冊，讀tī 尻脊骿」啦！

阿伯！阿伯！你講了閣有影--neh，人阮冊包攏縛 tiàm 尻脊骿，liú-liàh[10] 閣好sńg，會用得沿路行沿路走相掠，「讀冊，讀tī 尻脊骿」，無 m̄ 著啦！

莫怪你會chiah 飯桶，恁阿爸講你愈讀愈倒 nňg，有影規欉好好----無錯[11]，有夠了然。罵你「讀冊，讀tī 尻脊骿」，就是講你讀冊愈讀愈退步啦！

有夠條直[12] ê 囡仔，hō 阿爸阿伯罵了突然開竅[13]，

m̄-chiah[14] 六年出業後, chiah 閣 tòe 人讀七年 --ē, 補習一年後, chiah 好運 kap 人讀初中, 嘛是不幸中 ê 萬幸。

請逐家斟酌頭前講 ê 話, 斯當時阮庄跤人讀冊, 是揹冊包仔, m̄ 是揹書包抑是揹冊揹仔, 啥物是冊包仔, 就是用一條大條包巾, 將幾本仔冊 kap 鉛筆 khòk 仔, 捲捲包包做一下, 然後縛 tiàm 尻脊後, 巾仔 ê 兩頭 chiah tiàm 胸前拍結, 冊包縛 tiàm 尻脊骿, 隨在你 chông, 隨在你走, 都免驚矣拍 ka-làuh, m̄-chiah 阿伯 ê giàt-khiat-á 話會 kā 聽 m̄ 著去。

講起細漢代誌 hō͘ 囡仔聽, in 攏 m̄ 知影, 叫是 leh 講 bangah[15], 國校讀七年, m̄-bat 揹過一 kha 冊 phāiⁿ-á 生做啥款, 講 khit 來心酸, 貯冊 ê 家私, m̄ 是包袱巾[16] á, 就是鹹草[17] 辮 --ê[18] ka-chì-á[19]。

【註解】

1. 尻脊骿：[脊背]。
2. 學仔：òh-á, 學校。
3. tàu：[湊在一起]。
4. 囡仔人 bat chē .啥：[小孩子懂個屁]。
5. thiòng：暢, 歡喜。
6. 落第：lòk-tē, 留級。
7. 先 --e：先生, 老師。
8. 倒 nǹg：退步。
9. kâ：kā-góa。
10. liú-liàh：[利落不麻煩]。
11. 無錯：無剉 (chhò)。
12. 條直：[憨厚]。
13. 開竅：khui-khiàu。
14. m̄-chiah：因此。
15. 講 bangah：講 hàm 古, bangah [漫畫]。
16. 包袱巾：pau-hòk-kin, 大包巾。
17. 鹹草：[藺草]。
18. pīⁿ--ê：[編的]。
19. ka-chì-á：[藺草編的袋子]。

036

戇狗，jiok¹ 飛鳥。

阮兜飼一隻悾歁狗，真趣味閣真古錐，伊叫做 theh-lih，聽聲，你就知影是一隻土狗，主人叫 Siau Lah-jih，有平埔族 ê 血緣，theh-lih 是土狗，嘛是 ùi 古早平埔祖先 hit 時陣生湠落來。

Theh-lih 生做真巧閣真 súi，烏喙管，三角目，耳仔崎崎，獦仔跤，掃刀尾²，跤柱直閣 lò³，啥人看著通 o-ló：

「恁彼隻狗仔是啥款狗，哪會 chiah-súi chiah 靈精！」

土狗仔，台灣土狗仔，獦仔跤，掃刀尾，猶有，喙有舌斑，你 kā 看 hō 明，伊會顧家閣會顧 chit 箍圍仔一四界，烏喙管，三角目 hō 人看著會驚，其實 Theh-lih 伊真好性地，真愛 kap 人 sńg，做你 kā 摸無要緊，你若 kap 伊熟似，後擺就 kap 你親 hò-hò，khîⁿ-leh⁴ kap 你 sńg，閣會 kā 你嗂。若是看著過路人，穿插 chhìn-chhái 閣落粽⁵，hō 人看著各樣各樣⁶，伊就會 kā 伊 tòe，kā 伊吠，抑是越頭看 ùi 厝內，提醒 hō 你知，可能是歹人 beh 來 --ō?

最近誠愛出去 chhit-thô，見若看著我 leh 牽 ơ-toh-bai-á，伊就 peh 起來，等 beh hō 你載，巧是有影巧，kah 是狗⁷，猶原有伊戇 ê 所在，人講「戇狗，jiok 飛鳥」，有夠悾歁⁸to-tiòh，

阮這隻 Theh-lih 是「戀狗，看蟮蟲仔」，壁堵頂有蟮蟲仔，伊那看那吠，閣想 beh 跳 khit 去 kap 蟮蟲仔 sńg，有夠古錐，「Theh-lih！kā 你安兩 kâi 翼，hō 你飛 khit 去 kap 蟮蟲仔 sńg 好啦！」主人 leh 悾，伊 Theh-lih 嘛聽 kah 戀戀戀，「戀狗，jiok 飛鳥」，有夠悾歁 to-tiȯh。

【註解】

1. jiok：[追逐]。
2. 掃刀尾：嘛有人講做鐮 lȧk-á 尾。
3. lò：[高大]。
4. khîⁿ-leh：[黏著]。
5. 落粽：làu-chàng，無整齊，離

離落落（li-li-lak-lak）。
6. 各樣：無仝款[異樣]。
7. kah 是：既然是。
8. 悾歁：khong-khám。

037
Thó͘ 人, 無癀¹。

Choân 按呢²伊春玉--à 包袱仔款咧，囡仔 āiⁿ 咧³，一路目箍紅紅，頭殼 lê-lê，行 ùi 伊後頭厝⁴轉來。

轉來到厝內，iah-m̄ 講話，iah-m̄ tháu⁵ hō͘ 囡仔落來 chhit-thô，據在囡仔 tiàm 尻脊骿 哀哀吼，伊家己嘛恬恬坐 tiàm 人客間 ê 壁角，目屎 chhák-chhák 流，kan-na 細聲 chhngh，m̄ 敢大聲吼。無偌久，chiah 去 hō͘ in 老母芙蓉--ā 聽著囡仔聲，來到客廳 kā 伊問因端。

到底又閣是按怎？我 ê 心肝囝，你 m̄ 著講 hō͘ 阿母聽！……

唉！唉！唉！你這 ê 囡仔，哪會 m̄ 講話，有啥委曲抑是人無爽快，趕緊講 hôa 知⁶，taⁿ 囡仔先 kā tháu 落來，哎！孫--ê 惜，阿媽 m̄ 甘，哪會吼 kah 按呢生？你這 ê châu-á 囡仔，就是 chit 種脾氣，m̄ 講橫亦 m̄ 講直，kan-na beh hō͘ 人猜，阿母 beh 哪 ioh 會出來，是 m̄ 是又閣翁仔某仔冤家？

媽！人 m̄ 知啦！阿木--ā kâng 趕出來啦！

哪會 kā 你趕咧！ah m̄ 是過 kah 真好勢？到底是為啥代誌，hiah 好膽，敢 kā 阮按--查某囝趕轉來外家？

Ah-to 阿木--ā kap 人去 lim 燒酒，lim kah 醉茫茫轉來，我

kā 講--幾句 à，伊就 pheh-pheh 叫[7]，kā 人罵閣 kā 人扇，叫人包袱仔款款出出去，mài tiàm 厝裡 leh 囉嗦，阿伊[8]！人 m̄ 知影啦！

是 siáng hiah 好膽敢趕 in（lín）爸 ê 查某囝？

恁彼 ê 好囝婿啦！

唉！好--à，你這 ê 好小囝，好大膽，又閣 leh 趕阮查某囝，無 kap 你計較一下 bē 煞得，春玉！mài 哭--ā 啦，活 beh chak[9]--死，電話 giâ 來 hōa[10]，我一定 beh hō 伊好看，看伊敢 m̄ 來--無！

有影丈人囝婿 tàu 一擔，全款是土公仔性，有代誌咱 m̄ 著 ûn-ûn-á 參詳，都無 beh 叫伊來冤家--講，阿木--ā 性地你也煞 m̄ 知，m̄ 是 kap 你全款，講著話，三鋤頭兩畚箕 ê 土公仔[11]性地，粗人一個，ah 人伊人都也有責任，嘛 m̄ 是 m̄-bat 理氣 ê 人，「Thó͘ 人，無 hông」啦！連鞭伊就會來 kā 春玉 chhōa 轉去，連鞭人若來，你就 m̄-thang 閣氣 chhoah-chhoah，做你閒人仔無 tī 代[12]，有聽見--bô！

講人人到，講鬼鬼到。

阿爸！阿母！我 beh 來 chhōa 阿玉轉來去！

阿玉！kā 你會失禮啦！歹勢啦！攏是我 ê m̄ 著，無應該 hiah-nih 大聲 kā 你喝[13]。

好啦！好啦！你就是 hit-lō 性地，tân 來[14] 就隨 beh 轉去，哪著 hiah 急性，中晝食飽才轉去。

Thó͘ 人 m̄ 是『土人』，thó͘ 人眞 thó͘，講話眞粗魯，歡喜時笑 gi-gi，tùh-lān[15] ê 時，chhoh kap phih；『土人』嘛 m̄ 是 thó͘

人，『土人』是在地人，過去 ê 平埔族，kap chit-má ê 原住民，攏 bat hông 號做『土人』，thớ 人無心機，講話 chhoh kàn lōng-tōng[16]，知性[17] ê 人聽了 bē 發 hông，自然無妨，若 mài kā khǹg tī 心內，就無妨害。

【註解】

1. 發癀：[發炎]。
2. Choân 按呢：自從按呢。
3. āiⁿ 咧：[背著]。
4. 後頭厝：[娘家]。
5. tháu：[解開]。
6. 講 hôa 知：講 hō͘ 我知。
7. pheh-pheh 叫：大聲講話 [沒完沒了]。
8. 阿伊：阿母。
9. chak：齪。
10. giâ 來 hōa：[拿] 來 hō͘ 我。
11. 土公仔：thớ-kong-á，扛板（pán）--ê，扛棺柴 --ê，南部人講（阿兄仔）。
12. 做你閒人仔無 tī 代：[不關你的事]。
13. 喝：hat。
14. tâⁿ 來：拄拄仔來到。
15. tùh-lān：[不合心意，討厭]。
16. 講話 chhoh kàn lōng-tōng：開喙攏是 chhoh-kàn-kiāu，粗魯話，歹聽話。
17. 知性：知影性地，了解性地。

038
人跤跡有肥。

　　老兄弟嘉威自從師範出業到 taⁿ，攏無消無息，聽講 tiàm
佇南投縣信義鄉 ê 一个山內國校 leh 教冊兼作山，生活單純
閣艱苦，古意條直 ê 伊，煞 m̄ 敢 kap 阮同窗 --ê 相交插，幾若
擺 ê 同窗會攏 m̄-bat 參加。讀冊 ê 時陣，逐家攏知影嘉威是一
位山地人，雖然並 m̄ 是原住民，伊 ê 頇顢 pì-sú，無話講，煞
予阮疏忽去，定定 bē 記得伊 ê 存在，師範出業了後，隨人士
農工商過家己 ê 生活，尤其是娶某生囝以後，相佮聯絡 ê 機
會閣較少，嘉威是 siáng？可能有人已經 bē 記得 --à。人情淡
薄，世態炎涼，敢是同窗 --ê 無情，抑是環境造成？可嘆！
　　無疑悟，昨昏收著一張帖，閣挾[1]一張批，原來是老
同窗老兄弟有消息，帖仔是 beh 邀請去慶祝新居落成，食
chheⁿ-chha，lim 燒酒，批信內面講 kah 誠鬱卒，為著爸母，
為著家庭，閣是為著家己頇顢，bē 曉經營，山產一直 kap 人
無比 phēng，仙拚都拚輸人，m̄-chiah 拚 kah 此當今，chiah 有
thang 起一間樓仔厝，taⁿ beh 入厝 --à，新居落成，老同窗老
兄弟，往過我就認識你上有感情，m̄-chiah chhân-chhân 寫批
閣寄帖，人講「人跤跡有肥」，老同窗老兄弟，你著撥工來
一 choā，看會當 hō͘ 小弟自 chit-mái 起，年年得財利 -- 未！

接著批信，讀了閣再讀，看了閣再看，雖然 m̄ 是感覺心酸，mā 感覺鬱卒 tī 心內，確實有影，攏是庄跤歹命人 leh 拍拚，好佳哉 Siau Lah-jih 是 tòa-tī 鐵枝路邊 ê 街內，若無，無接觸著文明，今日 ê 世界，beh 哪 tòe 人會來？「人跤跡有肥」，咱 tòa ê 所在，若是人來客去真 ka-iah[2]，一家人 ê 生活，就是無發財，嘛會當真心適 leh 過生活，生活若快樂有意義，就是財富，哪著千萬財產起大厝 chiah 是富裕？我彼 ê 老同窗老兄弟，欠--ê 是朋友，m̄ 是錢銀財富，入厝 hit 一工，一定愛會赴，會赴 hō 伊請，會赴 hō 伊歡喜笑 bún-bún。

【註解】

1. 挾：giap。

2. 真 ka-iah：真濟真鬧熱。

039
放屎，逃性命。

　　貧惰是人ê本性，無論大人、囡仔攏全款，有人貧惰成自然，養成做一款習性了後，就真oh得改，有ê規日hō-lí-hō-sō[1]，四界hàiⁿ狗母梭[2]；有ê規日無工課做，kā人做店仔掌[3]，tòa店仔頭罔話罔囉嗦，若有人招伊落田tàu做，m̄是講連鞭chiah來去，就是拖沙講我厝內猶有工課未做，m̄做就是m̄做，「放屎，逃性命」tō是chit款跤數。

　　m̄知是Siau Lah-jih教冊較民主，抑是對學生較好性地，上課中，若有學生beh lim水抑是放屎，hō in真自由，攏bē禁止，總是囡仔大部分攏bē過分，m̄-kú最近突然間煞發現，有二三个仔thiau-kang beh「放屎，逃性命」來mo͘-hui[4]ê學生，chit幾个囡仔攏真巧氣，讀冊bē頇顢，不過有較個人主義，tńg著較無趣味ê功課，就上課上到一半，「老師，我beh放屎」，就溜soan[5]到便所[6]，一去幾若分鐘，惹起懷疑，撥工kā看覓，原來in tī退leh ī牌仔[7]，莫怪--ò，逐擺in chiah-nih會齊，tang時仔是[8]有計劃，「放屎，逃性命」，騙老師來遮搟牌仔。

　　阿道、阿基kap佳景，恁實在誠害--neh，冊m̄讀，為著sńg牌仔，故意騙老師，「放屎，逃性命」，愛sńg規氣hō恁

sńg 較有咧，明仔載 m̄ 免來讀冊，盈暗老師絞電話 hō͘ 恁老爸好--無！

老師，阮 m̄ 敢閣sńg，願意 hō͘ 老師罰徛，請你 mài kā 阮阿爹講啦！

好！chit 擺饒赦 [9]，後擺若閣按呢 m̄ 認眞，「放屎，逃性命」，一定叫家長chhōe 轉去家己教。

【註解】

1. hō-lí-hō-sō：[遊手好閒，無所事事]。
2. 四界 hàiⁿ 狗母梭：[到處閒逛]。
3. 店仔掌：tiàm-á-thèⁿ，規日 tī 店頭坐，親像店仔 ê 一支柱。
4. mơ-hui：[開小差]。
5. 溜 soan：[溜到]。
6. 便所：廁所。
7. ī 牌仔：[玩紙牌]。
8. tang 時仔是：原來是。
9. 饒赦：jiâu-sià。

040

無好地基，就起無好厝。

　　學校最近又閣 leh 起樓仔厝，地面四 chàn[1]，地下一 chàn，攏總五樓二十間，所以地基 liú[2] kah 誠深。

　　Taⁿ-á ó͘ 地基 ê 時，我 hit 班古錐天真 ê 囝仔問我講：

　　老師！咱學校 beh 挖游泳池是--m̄？

　　Kah 好空[3]！

　　抑無挖 hiah-nih 深 beh 創啥？

　　Beh 起樓仔厝啦，beh 起真 koân[4]--ō͘！

　　偌 koân？有摩天大樓 hiah-nih koân--無？

　　無啦！講 he 囝仔話，攏總 beh 起五樓，四樓 tī 面頂，一樓 tī 塗跤下，嘛有電梯--o͘！

　　ó͘！he 塗跤 ó͘ 真深--neh！

　　著--ā！beh 起 hiah-nih koân，地基無深 bē 使 chit，地基若淺，樓仔厝就 bē 在[5]，he 真危險，「無好地基，就起無好厝」，chit-má chiah leh ó͘ 土 khit 來--niâ，閣--兩工 à，師傅就會縛鐵根、khōng 紅毛塗[6]，khōng kah hō͘ 伊地基勇勇勇，有夠在，然後 chiah 一樓一樓排頭仔疊[7]，免偌久，咱就有新教室 thang 讀書。

　　『好棒哦！』老師！明年咱來去 tòa 新樓仔厝、新教室

好--無！

　好--a！老師來去 kā 學校長講，m̄-kú 恁著認眞讀冊 chiah 會使 chit，「無好地基，就起無好厝」，恁聽有--hoⁿh，chit-mái 恁若無認眞讀書，明年就 tòe 人 bē 著，升五年--ê 了後，功課愈來愈濟，愈來愈困難，所以 chit-má 咱若拍拚讀冊，就是親像起厝 leh khōng 地基全款，按呢逐家知影了後，希望逐家『加油』！

【註解】

1. 四 chàn：四層（chân）。
2. liú, ó͘, óe：[挖]。
3. Kah 好空：[哪有那麼好的事]。
4. koân：懸，高。
5. bē 在：[不穩]。
6. khōng 紅毛塗：灌水泥。
7. 排頭仔疊：[按順序疊]。

041

未富，m̄-thang 起瓦厝[1]；
未有[2]，m̄-thang 娶新婦。

起新厝，hak[3] 田園，娶新婦，是過去庄跤古意人一生
ê 願望，庄跤人成家立業娶某生囝了後，一生就認真拍拚、
khiû-khiû儉儉[4]，向望--ê 就是chhiâⁿ囝[5]大漢，kā 囝娶新婦，
上好閣會當起新ê 瓦厝hō͘ 囝做新娘房，按呢人就o-ló kah tak
喙舌，連家己嘛感動kah 流目屎，抑若是講he hak 田園，有--ê
人[6]敢想，無--ê 人[7]是 m̄ 敢陷眠，總是會當娶新婦，起新厝
就已經無簡單。

頂面講--ê 是向望，會照願望bē 照願望，除了靠拚以外，
嘛著看時運，親像阮老爸，作kah 三四分ê 放領田[8]，一冬[9]
收成無偌濟，也beh 納稅，也beh 田租，肥料錢，so 草割稻
攏著工錢，chhun--ê 有偌濟，講khit 來就心酸，無伊法，kap
人做散工tàu 相thiⁿ[10]。

講著娶新婦，大兄二兄娶某ê 時，我猶細漢 m̄-bat 事，
後來三兄去hông 招，是不得已，好佳哉老爸堅持 m̄ hō͘ 人改
姓，堅持ài 娶出招入[11]chiah beh，chiah 會顧著三兄做人ê 尊
嚴，到kah 四兄娶某，m̄ 知影等偌久，等到某本chhoân[12]好
勢，阿爸chiah 敢kap 人講嫁娶ê 工課，斯當時猶 m̄-bat 大人ê
輕重，就問阿爸：「哪 m̄ 較緊kā 新娘娶入門。」

阿爸無奈按呢應話：「未富，m̄-thang 起瓦厝；未有，m̄-thang 娶新婦。ā 有法度？聘金錢都猶 m̄ 知影 tī 佗位，beh 用啥物 kā 人娶？頂幾年爲著恁大兄二兄娶某，咱 chit 落草厝仔都無才調翻厝頂，眞是見笑代，taⁿ 今年有較好過，恁大兄二兄最近有較趁錢，無定著多尾仔遐，就有法度 kā 新娘娶轉來，beh 娶新娘進前，嘛著閣起兩間新厝，chiah 有夠 tòa。」阿爸沿路講沿路 ngāu-ngāu 唸[13]，五百、一千、一萬、二萬……那唸那有自信，結果 hit 年多尾，m̄ 但娶新娘，嘛起三間新瓦厝。

「未富，m̄-thang 起瓦厝；未有，m̄-thang 娶新婦。」這是古早人 ê 觀念，有 in ê 無奈，借錢來起厝娶新婦，無人敢按呢做，因爲 m̄ 知 tang 時 chiah 有才調還，chit-má ê 人就無仝，先開[14]chiah 講，人兩跤，錢四跤，雖然 oh 得 jiok[15]，總是錢會薄，工資會增加，只要肯做，起厝按半料，開了傷濟，仝款無偌久就還了債，罕得看人起厝揹一身債務，揹 kah 揹 bē 贏--ê。

未有，娶新婦，仝款著負債，好佳哉 chit 時代，時行[16]自由戀愛，少年人若有意愛，管伊聘金、嫁妝是按怎樣，有無攏不常在，阮 beh 結婚上實在，「未富，m̄-thang 起瓦厝；未有，m̄-thang 娶新婦」ê 觀念，已經 bē 時行。

【註解】

1. 起瓦厝：chit 句俗語本來是「起大厝」，因為有人講棺柴叫作大厝，所以 kā 改作瓦厝。
2. 未有：猶未有錢。
3. hak：[置產]。
4. khiû-khiû 儉儉：[省吃儉用]。
5. chhiāⁿ 囝：養育栽培囝。
6. 有--ê 人：好額人，[富有的人]。
7. 無--ê 人：散凶人，[無錢的人]。
8. 放領田：hòng-niá 田。
9. 一冬：收成一期，一年。
10. 相 thiⁿ：[加進去]。
11. 娶出招入：[明媒正娶，然後住進丈人家]。
12. chhoân：攢，準備。
13. ngāu-ngāu 唸：自言自語。
14. 先開：seng-khai 錢。
15. oh 得 jiok：[難於追趕]
16. 時行：sî-kiâⁿ，流行。

042

肚枵¹，糠²嘛好；
肚飽，嫌肉肥。

想起細漢時，厝裡sàn-phí-phí³，三頓ám 糜飯⁴，攏是番薯簽摻一屑仔米；

配鹹眞chhìn-chhái，m̄是菜脯、鹹醃瓜仔，就是醬筍仔kap 菜頭long-á⁵，無芳味，鹹tok-tok；

菜蔬家己田裡種，出啥食啥，高麗菜、花仔菜，茼蒿、菠薐仔；

田岸豆kap 蘿菜，匏仔菜瓜，逐項有，

可惜一款見食就食chiaⁿ 十工，無油無sian⁶，食了會⁷起倦。

講起古早味，有人誠趣味，ah 若我是驚kah giōng beh 死。

有一擺，心適hèng⁸，看著一幅圖眞趣味，歡喜giâ 筆kā 畫khit 來，貼tiàm 食飯桌前ê 壁頂，阿爸看著，o-ló 講眞gâu 畫，阿爸都無讀he 北京語，也bē 曉講he 是『色香味俱全』，kan-na講看khit 來kài-sêng 眞好食款⁹，因為he 是一盤大封紅燒肉，kan-na看，著hō 你流喙瀾，你敢知hit-chūn ê Siau Lah-jih chiah 讀小學三年--ê niâ。

想起早當時 ê 羹頓 kap chit-mái 做比較，有影天差 lih 地，三頓食 bē 飽，看著啥物攏嘛好食，chit-mái ê 囡仔實在傷討債，看 in 中晝時仔食飯包，飯菜 chhun hiah 濟，也 bē 保惜，m̄ 食就隨便 kā phiaⁿ phiaⁿ 掉[10]，看工友先生 leh khioh chhun 飯，khioh 著規米籮，hō 人看著 bô-chhái 閣討債，「肚枵，糠嘛好；肚飽，嫌肉肥。」chit 種 ê 心理，chit 種 ê 體會，囡仔人是無法 thang 感受著--è，當然 m̄ 知影惜福，bē 曉 khioh 拾[11]。

希望囡仔 mài 討債，飯包食會了，ùi chit 學期開始，規定 in 食飯飽，著提飯包 khók 仔來檢查，而且鼓勵 in 盡量 mài 食四秀仔[12]，點心若無食，正頓自然食會落去，「肚枵，糠嘛好；肚飽，嫌肉肥。」chín ê 時代 beh 教囡仔，有 tang 時仔硬性規定 chiah 有效果，物質富足 ê 生活，in 是 m̄ 知影 sàn kah 驚--ì[13] ê 滋味。

【註解】

1. 肚.枵：腹肚[餓]（gō）。
2. 糠：粗糠（chho͘-khng）。
3. sàn-phí-phí：[窮得要命]。
4. ám 糜飯：ám 糜仔 kap 飯。
5. 菜頭 long-á：生菜頭切片，豉（sīⁿ）tī 醬缸內 ê [漬物]。
6. 無油無 sian：無油膩。
7. giōng：[將要，快要]。
8. 心適 hèng：心適趣味之下。
9. kài-sêng 真好食款：[好像很好吃的樣子]。
10. phiaⁿ phiaⁿ 掉：[丟掉]。
11. khioh 拾：[揀拾存放，惜物]。
12. 四秀仔：sì-siū-á，零食。
13. sàn kah 驚--ì：[窮怕了]。

043

三斑擾家[1]。

　　查某囝捀轉來一kâi[2] 細細 kâi仔 ê 魚缸，玻璃做--ê，內面飼一尾色彩眞 súi ê 魚仔，問伊講：che是啥魚？哪會 kan-na 飼一尾？

　　Che 是鬥魚--neh？飼兩尾會相拍，bē 使 chit--lah！

　　鬥魚？啥物是鬥魚？趕緊去查資料，台灣鬥魚，一般講做「三斑」，是大溪、溝仔、魚池仔、潭仔內 tong-tong khoàiⁿ 著[3] ê 淡水魚，色水眞 súi 眞豔，兩尾公魚做伙，就會相 tak[4]，本來 chit 種魚仔眞濟，chit-má 因爲生態環境 ê 破害[5]，農藥 chhìn-chhái 亂用，水溝仔大溪閣攏 khōng 紅毛塗，有水流無水草，煞 giōng-beh 孤 khut 斷種去，查某囝買--轉來 ê 是 ùi 泰國進口--ê。

　　俗語有一句話講：「三斑擾家」，就是因爲三斑魚愛相拍 ê 關係，煞 hō͘ 人無愛厝內飼 chit 款魚，驚做惹來厝內 bē 和協，是迷信，是禁忌。

　　一窟魚池 bā 堪得一尾三斑來擾亂，做老師--ê 上驚一班學生出一二 ê á 作孽 hèng 相拍 ê 學生，蓋 sêng[6] 三斑魚 ê 相拍雞仔，chit 種班級 ê 囡仔王，作孽、狡怪、無時閒、hèng 講話、愛相爭，班級秩序歹管 ê 源頭，用講--ê m̄ 聽，用拍--ê m̄ 驚，

beh 啥步？罰伊 mài chhit-thô，罰伊摒糞埽，小可有效，可惜連鞭 bē 記得，明仔載猶原全款彼 ê 脾氣。Siau Lah-jih 班上 hit 兩 ê 小霸王，鬼靈精，頭殼眞好，漢草 koân 大，精力旺盛，beh 按怎治？想計智，見若上體育課，m̄ 是叫伊邊--a 看，就是教伊做裁判，無疑悟，得著眞大 ê 幫助，三斑變 ko͘-tai[7]，已經 bē「三斑擾家」亂亂來，硬抵硬，tēng 碰 tēng，m̄ 是好本頂，愛 ê 教育實在著用心，想好辦法來解決。

【註解】

1. 三斑擾家：sam-pan jiáu-ke。
2. 一 kâi：[一個]。
3. tong-tong khoàiⁿ 著：常常看著。
4. 相 tak：相觸，冤家。
5. 破害：m̄ 是破壞（hoāi）。
6. 蓋 sêng：[眞像]。
7. ko͘-tai：臺灣鱧魚、七星鱧。

044

人傳¹咱，咱傳人。

「思 a 相 a 枝 i …桃 a 花…kâm 唇 a i-to …有 a 胭 a 脂…，李 a 花 nā …獻白 a i-to …無…芳味 a i-to 噯喲喂…；舊 a 情再 a 來…思相枝…噯喲喂…，甘蔗若好食 i-to 雙 a 頭甜 a i-to 噯喲喂…。」氣口若陳達，m̄-kú 欠檳榔味。

恒春 ê 朱丁順先生用誠古早味 ê 氣口，唱出恒春民謠 Sū-siang-ki，kap 目前流行歌界，學校內所唱--ê 誠無全，聲韻哀怨，台灣話 ê 腔口純正，m̄ 管伊按怎轉音、插花 á、牽聲，台灣話 ê 聲調攏 bē 走精去，莫怪伊 kap 朋友講，chit-má ê『思想起』已經欠古早味，閣用 hit-lō『國語』唱，哪有 sêng？人問伊哪會唱 kah chiah-nih 好聽，伊講「無--lah 無--lah，ah-to 我 ùi 十三歲就開始唱 Sū-siang-ki，今年七十二，已經唱 beh 六十年，熟 liù-liù，聲無偌好，請恁 m̄-thang 嫌。」

聽著伊 ê 古早味，朋友鼓勵伊繼續拚，繼續傳教咱 ê 囝孫，人伊朱丁順先生用誠樂暢 ê 口氣講：都是按呢--m̄！「人傳咱，咱傳人」，為著 beh 保留「牛母伴²」kap「五空小調」ê 原味，無按呢一音一句來教 in 彈，教 in 唱，就會親像流行歌仔按呢，較按怎唱都欠一種氣味，chit 種古早閣神祕 ê 原味若 hō͘ 斷去，就有夠 bô-chhái--ê。

「人傳咱，咱傳人」，若beh 傳落家己ê 文化，一定著用家己ê 母語來傳授，若無一定會變樣，朱丁順先生對恒春民謠ê 執著kap 熱心傳唱ê 工作，值得咱phok-á 聲[3] kā o-ló。

尾仔，Siau Lah-jih 嘛haiⁿ 一pha[4] 來心悶一下[5]：「思a 相a 枝 i…台a 灣…眞正 i-to…好a 所在，若beh nā…kap 人a i-to …有比 phēng a …噯喲喂…；祖先a 傳教…咱ê 話…噯喲喂…，著愛a 一代a i-to 傳一代 i-to 噯喲喂…。」

註：六月十六暗，看公共電視『生命地圖』tú-leh 紹介朱丁順先生 tī 恒春傳教恒春民謠ê 經過，台灣性命ê 延紲，tiòh-ài 有 chit 款「人傳咱，咱傳人」ê 觀念 chiah 做會好勢。

【註解】

1. 傳：thoân，m̄是[chhoân]。
2. 「牛母伴」kap「五空小調」：曲調名。
3. phok-á 聲：掌聲。
4. haiⁿ 一pha：[哼一段]。
5. 心悶一下：[舒展一下心內的鬱悶]。
※ 來心悶一下：似應爲：來透一下á心悶；或爲心適一下。

家己拍 kah 死，m̄-hō 別人 kí。[1]

「實在是豈有此理！關心人 ê 囡仔，閣著 hō 人蹧躂，講咱無愛心，也敢 beh 做老師，真正好心 hō 雷唚 (chhim)，m̄-bat好歹人就是 chit 款家長。」

到底是啥代誌，哪會氣 kah 按呢生？

「無講你 m̄ 知影？實在 bē 堪得氣，親像 chiah-nih 歹教 ê 學生，無用較劇烈 ê 手段 kā 壓落底，歸尾會 peh khit 起[2] 你 ê 頭殼頂 soān 尿[3] 都無的確？chit-má m̄ 教，beh tán 何時？咱做老師嘛著有責任，著--m̄！」

ah 你是按怎 kā 人教？

「其實嘛 m̄ 是啥物劇烈 ê 手段，kan-na 用掃梳 gîm 仔[4] kā sut[5] 兩下 --niâ，按呢就 bē 直--à！」

按呢應該 bē 惹起問題 chiah 著？

「都是按呢 --m̄，平常時仔咱也 m̄ 是愛拍囡仔 ê 人，想想咧，大概是拍囡仔 ê 時陣去 hō 看著，面子掛 bē-tiâu，m̄ 甘轉受氣 ê 款？」

著！著！著！ che 就是原因，老師做 hiah 久--à，你哪會犯著 chit-ê 禁忌 --neh? 俗語一句話按呢講：「家己拍 kah 死，m̄-hō 別人 kí」，你敢會 m̄-bat 意思？尤其 chit-mái ê 爸母，生

囡無濟，m̄是孤一个，上加是兩三个，逐ê惜命命，哪會堪得別人kā ge-sé[6]蹧躂，用話罵就bē使chit[7]，何況是用拍--ê，講一句較無輸贏ê話，chit-má ê爸母，thīn囡仔邊[8]--ê滿四界，你tī人ê面前拍人ê序細，che是犯忌，莫怪人家長氣chhoah-chhoah，sut兩下掃梳gîm仔，應該無hiah嚴重，你嘛免閣氣，明仔載就無代誌。

「家己拍kah死，m̄-hō別人kí」，m̄但是拍別人ê囡仔按呢，連拍家己ê囡仔，都會惹起翁仔某冤家勞債，序細無聽話，家己按怎拍，按怎罵，攏bē感覺m̄甘可憐，m̄-kú若是你ê翁（某）leh拍leh罵，你ê心肝感覺按怎？m̄甘？疼tiuh-tiuh？插喙，幫忙囡仔chit爿kap伊作對？

「家己拍kah死，m̄-hō別人kí」，教示別人ê囡仔著sè-jī。

教家己ê囡，上好翁仔某妥協hō好勢，啥人beh做紅面，啥人beh做烏面，教育方法一致，chiah bē hō序細看無目地。

【註解】

1. kí：指，指責。
2. peh khit起：[爬上去]。
3. soān尿：[撒尿]。
4. 掃梳gîm仔：縛掃帚ê[小竹枝]。
5. sut：鞭撻。
6. ge-sé：諷刺。
7. 就bē直--à：就[沒完沒了][吃不完兜著走]。
8. thīn囡仔邊：[偏袒孩子]。

三日無餾，peh chiūⁿ 樹。

　　三年前扲來台灣，台語猶無啥會曉講，常常 kiat m̄ 著[1]，引起誤會製造眞濟笑詼，有一擺，tn̄g 著新熟似 ê 劉小姐，我就足親切 kā 伊相借問：「Làu，小姐，你食飽--未？…」

　　想 bē 到劉小姐煞誠無歡喜，按呢應：外老？我是 Lâu 小姐，m̄ 是 Làu，小姐。

　　好佳哉逐家是好朋友，chiah 無 hông siàn 喙 phóe[2]。

　　Che 是美國在台協會高雄辦事處 ê 金處長金大友講 ê 台語笑話，一 ê 美國人會曉講台語笑話已經無簡單，閣較厲害--ê 就是伊了解造成笑話 ê 原因，伊分析講：「劉小姐 ê 劉，是第五聲，變調愛唸第七聲，若無張持 kā 唸做第三聲，就變做老（lāu >làu），就去了了--lò！」

　　看民視 teh 訪問金處長，會當看出金處長對台語 ê 深入了解，實在是無簡單，連主持人對台語變調講 m̄ 著去，伊都馬上感覺會出來，隨時 kā 提出糾正。問伊哪會 chiah-nih gâu 講台灣話，伊講：我是用羅馬字來學台語，時常 kap 台灣朋友 phò-tāu，台語眞 súi 眞好聽，m̄-kú 眞歹學，我眞認眞去 kā 學，逐日攏用台語 kap 朋友開講，若無會「三日無餾，peh-chiūⁿ 樹」，語言 ê 學習就是愛按呢拍拚，捷講[3]就會輾轉，感

謝台灣ê朋友，hō͘我有機會學chiah-nih súi ê台語。

「三日無餾，peh-chiūⁿ樹[4]」，學語言靠捷講靠練習，講母語bē輾轉ê兄弟姊妹，趕緊來學台語，免驚去講m̄著去，bē曉講，講bē輾轉，m̄是你ê m̄著，會當hō͘人諒解，但是你若m̄講、m̄學家己ê母語，hō͘人認bē出你是啥物人，按呢就是你ê m̄著--lò͘，beh學母語愛捷餾，若無有影會「三日無餾，peh-chiūⁿ樹」。

　　註：台語變調規則，漳州音是5>7>3>2>1>7；泉州音是5>3>2>1>7，劉小姐叫作làu小姐嘛無m̄著。不過南部人可能聽較bē慣勢。

【註解】

1. kiat m̄著：[弄錯了]。

2. siàn喙phóe：[打耳光]。

3. 捷講：常常講。

4. peh-chiūⁿ樹：[爬上樹][忘記了]。

047

有賒有欠，百年老店。

萬事起頭難，特別做生理，頭起先 tân-á 做，實在有影
chiân 困難，也驚無人面，生理 bē 旺變稀微，也驚龜玀 pit-sô[1]
來交關，欠錢 m̄ 還，有帳[2]一大 kô，人講「無賒不成店」，
beh 做生理，總是有賒有欠，錢銀總是有三不便 ê 時陣，m̄
hō 人賒欠，啥人 beh 來 kā 你交關--leh？m̄-kú 賒賬若濟，周
轉不靈，恐驚矣會「賒了店不成」來倒 koh[3]？生理歹做，生
理囝 oh 生，就是 chit-ê 原因。

Tân 做生理 hit 幾年，認眞拍拚，無暝無日，生理有影
bē-bái，雖然是小生理，度三頓飼某囝，猶閣有 thang chhun
淡薄--à，thèng-á[4] 寄銀行生錢仔囝，向望日後會當買新厝，
m̄ 免 sòe 厝徛[5]。無疑悟庄跤生理 kāu 賒[6]，攏是家己人，人
若 beh 來交關就笑 bún-bún，怎 thang kā 人明 phín[7]著現金，賒
欠一下濟，有影食 bē 焦[8]。

生理做到此當今，已經十 thóng 年，靠一手好工夫，到
tan 猶原眞搶市，雖然講最近經濟有較 bái，m̄-kú 影響無偌濟，
而且賒欠愈來愈少，三不五時有賒欠，好佳哉攏是有賒就有
還，已經無像較早 hiah-nih 歹做，人講「有奢有欠，百年老
店」，有影 to-tiòh，賒到在，欠到在[9]，貨底嘛 thūn 到在[10]，

tīng著一半工仔無生理，嘛免煩惱東煩惱西，底蒂好，客戶固定，固定 ê 利純應該 bē 受政治因素、經濟起落來影響，che 就是「有賒有欠，百年老店」ê 實際經驗，跤踏實地上要緊，手路好，服務第一，m̄ 驚貨比貨，嘛 m̄ 驚有貨底，歹人客已經辭，閣來就是「有賒有欠，百年老店」ê 好時機。

【註解】

1. 龜獗 pit-sô：[流氓混混之輩]。
2. 冇帳：phàⁿ-siàu，[呆帳]。
3. 倒koh：倒店。
4. thèng-á：可以。
5. sòe 厝徛：租厝tòa。
6. kāu 賒：[賒欠多]。
7. 明 phín：[明說]。
8. 食 bē 焦：[吃不消]。
9. 賒到在，欠到在：[有賒有欠的，已成習慣，賒欠不還的，已成拒絕往來戶]，m̄ 驚賒欠了。
10. thūn 到在：墊得很穩。

048

歹竹出好筍；好竹出 ku-lún。

　　台灣俗語鹹酸甜第一集出版後，有一ê好朋友看了kā我講，hit篇「歹竹出好筍」，論了誠有道理，頇顢人出有好囝孫，家己故過謙「歹竹出好筍」，是客氣話，若是beh kā別人o-ló嘛按呢講，he著pìⁿ-chiâⁿ keng-thé[1]恥笑[2]--lò，敢m̄是？

　　原來chit位朋友kap Siau Lah-jih全款古意兼條直，bē曉膨風，bē曉臭彈[3]，人煞叫是[4]伊飯桶[5]，可是人伊三ê囝仔攏教kah誠四序，chiâu-chiâu[6]大學出業閣有好頭路[7]，囝gâu.爸母行路就會taⁿ頭[8]，了解ê人攏嘛o-ló這位朋友gâu教囝，卻是有一位朋友，見面就kā講：趙--ê，你實在是「歹竹出好筍」，有夠福氣--neh！一擺按呢講，兩擺嘛按呢消遣，三擺有影hō͘人感覺是leh ge-sé[9]，莫怪我chit-ê朋友會憤慨，講hit-ê朋友敢知影人是leh按怎教育家己ê子弟？

　　「歹竹出好筍」，囝gâu爸無gâu，「好竹出ku-lún」，就是爸khiàng[10]囝頇顢--lò。囝比爸較gâu，人講是後進，囝比爸較頇顢，當然是倒kiu，不長進，生著chit款囝上心憂，也無hàt[11]伊食，也m̄是無leh kā教，伊就是bē大漢，bē像in爸按呢gâu、khiàng、將才[12]閣有水準。

　　「好竹出ku-lún」，啥物是ku-lún？著小解說一下：ku.就

是龜，『烏龜[13]』ê龜，抑是昆蟲[14]類龜仔ê龜，有細、小ê意思，所以ku就是指『畏畏縮縮』，細細、小小m̄成物；另外，ku嘛會使講做隱痀ê痀，曲痀曲痀ê模樣，m̄成筍ku-á[15]攏是彎曲bē大支；lún就是忍，吞忍m̄敢發揮，驚驚bē著一等，所以好筍一直大，大kah變成竹，ku-lún ê bái筍自然變筍龜仔。

「好竹出ku-lún」，嘛是不得已，敢會使得m̄ chhap--伊[16]，親像對待物件按呢無愛kā放棄？自然法則本成著充滿不定數，無常ê人生，好bái無定論，mài執著上要緊，人講囝若憨，爸就慘，生著頇顢囝，序大人[17]有影較鬱卒，beh如何？只好閣較用心來kā教，教hō伊mài做歹，教hō伊家己會曉生活，歡歡喜喜過一生。

　　註：m̄成筍仔叫ku-lún，m̄成雞仔囝叫ut-keh（屈骼），m̄成果子就是hàt-á[18]（乏，欠缺滋養），攏是m̄成物，不成器。

【註解】

1. keng-thé：諷刺消遣。
2. 恥笑：thí-chhiò。
3. 臭彈：chhàu-tōaⁿ。
4. 人煞叫是：[人家卻以為]。
5. 飯桶：頇顢，會曉食飯bē曉工作。
6. chiâu-chiâu：眞齊全。
7. 好頭路：好職業。
8. taⁿ頭：[抬頭]。
9. ge-sé：講話諷刺。
10. khiàng：強，gâu，[能幹]。
11. hàt：欠缺。
12. 將才：chiàng-châi。
13. 『烏龜』：台語叫做龜，bē使chit講o͘-ku，o͘-kui。
14. 昆蟲：khun-thiông。
15. 筍ku-á：細支m̄成物ê筍仔，筍龜，是[天牛]。
16. m̄ chhap--伊：[不理他]。
17. 序大人：爸母。序大是長輩。
18. hàt-á：另外一ê意思，是牽hàt-á。

049

戲好看，蚵仔làu漿¹。

Beh 食蚵 (ô)，阮彰化王宮 (王功) ê 蚵仔上蓋鮮 (chhiⁿ)，現 peh 現 ngiáu 上滋養，煮清湯、lām 麵線好氣味，蚵仔煎、蚵仔捲好料理，食生蚵、蚵仔青jio̍k² 蔭豉³ tio̍h-ài 內行khùi⁴，總講一句，若有摻蚵仔ê 料理，逐家定著sut⁵ kah 歡喜歡喜，beh 食生蚵，請恁來王宮免驚食無。

Beh 來王宮 thèng-á 坐大線⁷，田中央落車換坐 ba-suh⁸ 向西行，二林出西閣四 khi-loh（Km）半，抑是規氣⁹家己駛車行西濱公路，鹿港落南、麥寮chiūⁿ 北攏連鞭到，若著 kā 人問路，會記得講Ông-keng，若是看路標，漢字寫『王功』，m̄-thang kiat m̄著¹⁰。

聽阮台文讀冊會ê 林先生講：蚵仔現ó͘--ê 上鮮，若是挖khit 來khǹg¹¹ leh beh 賣，tio̍h-ài 浸tiàm 水底，m̄但 bē 蝕重¹²，閣會加斤兩，會當加賣幾sián 錢，che 叫做浸水蚵，雖然有影kā 人phiⁿ¹³ 淡薄--à，滋味猶原無走精¹⁴。不過浸水著節時間，浸傷久無站節，蚵仔膨脹傷厲害，肚若破，làu 漿就 bē使，好滋味走了了，落喉歹食就無效，拍歹信用是無gâu，所以海口人為著生活，浸蚵仔技術一定愛gâu。

林先生閣講：細漢時愛 chhit-thô，hèng 看歌仔戲，爲著看戲看到一半暝，浸蜊仔 ê 代誌煞 bē 記，轉去一定 hō 阿母罵「戲好看，蜊仔 làu 漿」，有影無責任，無兢心[15]，chit-mái 想 khit 來感覺眞歹勢，亦著因爲阿母 ê 教示，到 kah chit-kú 攏 m̄ 敢放 bē 記得，見擺做代誌就想起阿母講 ê chit 句俗語，「戲好看，蜊仔 làu 漿」，隨時就注心定，兢心 bē 晃 hiáⁿ[16]。阮老母 m̄-bat 字，卻是會曉用 chiah-nih 好 ê 俗語 kā 囝教示，實在有影 gâu 閣稀奇。

【註解】

1. làu 漿：[漏漿]。
2. jiók：[揉、搊]。
3. 蔭豉：ìm-sīⁿ。
4. 內行 khùi：[內行的]。
5. sut：食 ê 客話。
6. thèng-á：可以。
7. 大線：縱貫鐵路。
8. ba-suh：[巴士]。
9. 規氣：[乾脆]。
10. kiat m̄ 著：[弄錯了]。
11. khǹg：[存放]。
12. 蝕重：sih-tāng，失重。蝕重：si t-tāng
13. phiⁿ：[佔便宜]。
14. 走精：走味去。
15. 兢心：kin-sim，用心，專心。
16. 晃 hiáⁿ：心神無在。

050
目睭 hō 蜊仔肉糊去[1]。

練習寫好勢--ê 提來老師改。

吳嘉漢你又閣拚第一，m̄ 知影有斟酌檢查一遍--無？

m̄ 成猴，chit 擺閣攏著，無 têng-tâⁿ，會 o-ló--chit！

來，換潘佳慧[2]，哪會寫 kah chiah ló-chhó[3]，潦草快就會錯誤，tah！你看遮，明明題目寫：長 2 公尺，闊 10 公尺，厚 3 公尺，答案哪會寫 60 平方公分？你--ò！就是 chiah-nih 無競心，『有看沒有見』，匏仔看做菜瓜，菝仔看做蓮霧，按呢 beh thái 讀會[4]曉？閣去改 hō 好勢！

ô！潘佳慧 ê「目睭 hō 蜊仔肉糊去」--leh，「目睭 hō 蜊仔肉糊去」--leh！

囡仔人 m̄-thang 烏白講，che 是潘佳慧無用心，看 m̄ 著去。

老師！潘佳慧 leh 哭，講吳嘉漢罵伊青盲[5]，「目睭 hō 蜊仔肉糊去」。

He 是潘佳慧無小心，看 m̄ 著 kiat têng-tâⁿ 去[6]，罵人青盲，無 leh beh kap 人起冤家--講？講人「目睭 hō 蜊仔肉糊去」是相罵話，m̄-thang 隨便講，吳嘉漢趕緊去 kā 潘佳慧會失禮[7]，後擺逐家 m̄-thang 烏白講話，逐家攏是好朋友，攏是好同學，相罵無好話，罵來罵去起冤家，按呢哪會好勢？潘佳慧，你

嘛免閣哭，人吳嘉漢已經 kā 你道歉，你後擺著較 sè-jī--leh，問題著看 hō͘ 詳細，chiah bē ơ-ló-bòk-chè[8]，têng-tâⁿ 到天差 lí 地。

【註解】

1. 目睭 hō͘ 蜊仔肉糊去：蜊仔肉糊目睭，看著霧霧霧，界 sêng 青瞑無[眼珠]。
2. 潘佳慧：phoaⁿ ka-hūi。
3. ló-chhó：潦草。
4. 汰會：哪會。
5. 青盲：chheⁿ-mê，[眼瞎]。
6. kiat têng-tâⁿ 去：[弄錯了]。
7. 會失禮：道歉。
8. ơ-lò-bòk-chè：隨隨便便。

051

溜溜鬚鬚，食兩蕊目睭。

　　表細--ê[1]，又閣出來賣--ā！哪會chiah kut-la̍t，che 王梨一日 m̄ 著 hō͘ 你賣二三百斤？

　　有啦！生理 bái ê 時--百外斤á，若 tn̄g 著歇睏日，三五百斤嘛 bat 賣過，來！提兩粒仔轉去食，咱遮家己ê，山跤王梨，雖然無 tēng[2]，有淡薄仔酸，m̄-kú 酸 lam 甜仔酸 lam 甜，kap 別位ê 口味無全就是無全，chit 兩粒提轉去食看覓。

　　Ah chit-ê 所在 m̄ 是 bē 使 chit 排路邊擔仔？tú-chiah chiah 看警察 leh 開罰單，著 sè-jī--ò͘。排去 hit 爿 m̄ 較安當，免按呢驚驚 hiân-hiân leh kap 警察覕相 chhōe[3]。

　　表大--ê，恁做老師--ê 攏較老實，去排 hit 爿--ò͘，一日嘛賣無五十斤，啥人 beh thiàu-kang 行過街去迢買。

　　m̄-kú 若警察來咧！

　　警察來--ò͘！chiah 走 hō͘ 伊 jiok[4]，安啦！親像阮 chit 款做 m̄ 成生理仔[5]，盡靠嘛靠 chit 兩蕊目睭，人講「溜溜鬚鬚，食兩蕊目睭」，beh tī 社會徛起，尤其是做 chit 種有時間性、有地點性ê 生理，搶時間，佔位置足要緊--ê，目睭 ài 金，跤手 ài 猛，無著 no sut、食 nái[6]。親像頂幾年仔 tī 台北市西門町 kap 人 leh 喝俗貨，逐日嘛 leh kah 警察先生覕相揣走相 jiok， liù 一下久[7]，尾仔啥物時陣警察會來，啥物時陣是趕眞--ê，啥物時陣是放目 kheh 仔[8]，攏嘛掠 kah 準準準，hiah-ê 警察老大--ê 煞攏變做好朋友，he 是恁表細--ê m̄ 敢蹽落去，若無 chit-mái m̄ 已經是大哥大--ê？

　　江湖兄弟，做走水仔生理[9]，排路邊，喝 lin-long--ê，咱社會若 beh 走 chông，無像海底 ê 鰇魚、墨賊仔按呢「溜溜鬚鬚，食兩蕊目睭」，看 m̄ 是勢，烏煙一下噴，越頭走 kah 無看影是行 bē 通--ê。

【註解】

1. 表細--ê：表小弟。
2. 無 tēng：[硬]？王梨 tēng 是水分濟閣甜。
3. 覕相 chhōe：[捉迷藏]。
4. jiok：[追逐]。
5. m̄ 成生理仔：小生理。
6. no sut、食 nái：[沒得混]。
7. 溜（liù）一下久：[混久了]。
8. 放目 kheh 仔：[睜一隻眼，閉一隻眼]。
9. 走水仔生理：走私生理。

052
司公háⁿ死鬼。

　　升學競爭，自古以來就害死讀冊囡仔，害到誠苦慘，是近廟欺神ê無自信，抑是大人ê面子問題，輸人m̄輸陣ê競爭心理leh作怪，囡仔beh讀冊，無chhōe一間較明星ê學校哪會使chit，結果，家己厝邊ê學校m̄讀，偏偏鑿枷家己giâ，m̄是駛車就是騎o·-to·-bái，每日甘願做牛做馬，m̄驚麻煩，m̄驚塞車，風雨無阻將囡仔送去較鬧熱ê市內，從按呢[2]，庄跤學校稀微無人愛，中心ê學校人kheh[3]人，kheh kah誠厲害。

　　Chit款災害，有ê鄉鎮已經覺醒，開始設分校beh疏開[4]一寡人來，有一ê鄉鎮，新設兩間新學校beh tih新老師，聽講乙校人人beh去，甲校煞斷牛ê[5]，誠奇怪，兩ê學校地點、環境條件攏差不多，哪會有chit款ê逆kô[6]，詳細探聽chiah知有giâu-gî[7]，甲校校址原來是塚仔埔，逐家驚鬼m̄敢去，原來就是按呢生，莫怪，人驚鬼，有道理。

　　學校已經成立，頭已經洗，無剃bē使chit，有人開始建議，抑bē曉倩[8]司公來giang-giang--leh，m̄著平安造化是，「司公háⁿ死鬼」，有靈無靈不常在，人心若安定上要緊，有信就靈，無信--者自然心正m̄驚鬼，攏無人會kā你批評，che是信仰，無人講按呢m̄-thang不可用。

司公 beh 念經，天靈靈，地靈靈，傳統道教 ê 教化，有伊 ê 道理真深，m̄ 是外行人會當批評，不過世俗道理有 ê 真怪奇，攑香[9] ê 朋友，beh 信 tio̍h-ài 信正信，beh 拜 tio̍h-ài 將神 ê 慈悲愛心 khǹg 在家己 ê 心內，做道士做司公 ê 師父、恁若 beh 做事、beh kā 人誦經超度亡魂，請你著展真工夫，一定著照步來，m̄-thang chhìn-chhìn-chhái-chhái，罔 giang 罔 i-o，經懺[10] 烏白唸，笑詼罔囉嗦，按呢就無正經。

「司公 háⁿ 死鬼」，是 leh 瞞生人目，心理安慰，鬼是人 ê 魂魄[11]，人若死落去，魂魄就散散去，m̄ 是閣去出世，就是成佛圓寂，閣講，kap 你亦無冤仇，無可能會 kah 你 kô-kô 纏。

「司公 háⁿ 死鬼」，免 háⁿ 嘛會使 chit，若有動著亡魂 ê 所在，親像挖著墓仔埔，挖著無主[12] ê 骨頭，用慈悲 ê 心情，倩道士司公來誦經[13]，安慰亡魂，嘛安慰自己，按呢已經可以。

【註解】

1. háⁿ：恐嚇，[嚇唬]。
2. 從按呢：從此以後就按呢。
3. kheh：[擠]。
4. 疏開：so-khai，疏散離開。
5. 斷半 ê：[半個也沒有]。
6. 逆 kô：[逆轉不順]。
7. giâu-gî：khi-khiau 懷疑，[蹊蹺]。
8. 倩：chhiàⁿ，[雇]。
9. 攑香：[拿香]拜神。
10. 經懺：keng-chhàm。
11. 魂魄：hûn-phek。
12. 無主：無人認--ê。
13. 誦經：siōng-keng。

053

囡仔會走，
大人 jiok kah mà-mà 吼。

阮學年十二班，級任科任十五六 ê 老師，三 ê 超過五十歲，兩 ê 猶未嫁娶，chhun--ê 攏 tī 三十歲左右，閒 ê 時陣，攏是 leh 會[1] in 兜心肝仔寶貝 ê tàp-tàp tih-tih[2]：

人阮阿嬌仔 taⁿ leh 學講話，眞 gâu--neh，m̄ 但會曉叫 ma-ma、pa-pa，嘛會曉叫阿媽 kap 阿公，我若下班轉去，一定 tah 過來[3] hôa 抱[4]，「ma、ma、ma、ma 叫 bē 煞」，害 in 阿媽 kap 我諍講是 leh 叫阿「má、má、má…」，有夠好 sńg to-tiòh[5]。

阮阿才已經六個月，m̄ 但會曉坐，閣會曉爬，常常 ùi 塗跤兜爬 khit-lih[6] 膨椅頂，有夠無時閒，嘛 hō͘ 我無閒 chhih-chhih，神經線絞 kah ân-tòng-tòng[7]，kan-na 驚伊跋倒，嘛是眞好 sńg。

阮阿佳仔--hoⁿ，已經度晬[8]--à neh，雖然是查某囡仔，m̄-kú 已經會曉行--ō͘，俗語講會行行晬一[9]，bē 行行晬七，阮阿佳仔實在有影 khiàng[10]，m̄ 但會曉行，閣會 khók-khók-chông，hō͘ 你掠 bē 著，活 beh chak--死[11]，上歹 chhōa[12] 就是 chit-ê 時陣，「囡仔會走，大人 jiok kah mà-mà 吼[13]」，有影規欉好好----無錯，jiok 罔 jiok，嘛是 jiok kah 歡喜 kah，『有女萬事足』，嘻！

俗語嘛有一句話：「做老母，三年白賊。」嘛是有影to-tiòh，嘻！

【註解】

1. 會：hōe，會話，開講。
2. tạp-tạp tih-tih：[零零碎碎，點點滴滴]。
3. tah 過來：[投、送]過來。
4. hôa 抱：hō-góa-phō。
5. 有夠好 sńg to-tiòh：[實在太好玩了]。
6. 爬 khit--lih：[爬上去]。
7. ân-tòng-tòng：[緊繃]。
8. 度晬：tō-chè，[滿週歲]。
9. 晬一：滿一歲一個月。
10. khiàng：gâu，厲害。
11. 活 beh chak--死：[簡直累死人]。
12. chhōa：chhōa 囡仔[帶孩子]。
13. mà-mà 吼：大聲喝咻[叫苦連天]。

054

一ê囡仔，較鬧熱過三ê大人。

今仔日去表兄 in 兜食神明攤，因爲伊舊年poaⁿh著[1]爐主[2]，一年來大概有趁淡薄--à，加上庄跤人較風神[3]ê關係，m̄但辦kah誠chheⁿ-chhau，閣一暝[4]辦kah二十幾桌。

人阮是親情[5]，m̄是朋友beh hông 請[6]，所以開桌進前點外鐘阮一家大細就到位，人講「一代表、二代表、三代m̄-bat了了」，煞有影現拄現[7]，表現tī眼前，m̄知是逐家親情久無相chhōe[8]，見面拍一下招呼就無話無句，氣氛誠悶無意思，老--ê無話句，少年--ê無熟似，m̄知影beh按怎互相稱呼，Hō-ló 人ê古意條直个性寫tī面--lih，是謙虛？抑是sè-jī 頂顧表示？

Tng 當逐家坐kah無意無意ê時陣，表兄in châu-á-kiáⁿ[9] kap 囝婿踏入門，手抱一ê紅嬰仔，後壁tòe一ê囡仔疕[10]，歡歡喜喜，喙仔笑gi-gi：

「阮beh 轉來阿媽兜食chheⁿ-chhau，阿伯！恁嘛beh 食chheⁿ-chhau…」

「m̄是阿伯，ài 叫叔公！」

「叔公…！」

「chit-ê 叫姨婆！」

「姨婆…！」

「chit-ê 叫丈公！姑婆！」

「丈公…！姑婆…！」

「好--à lah！chit-ê 囡仔哪會 chiah 古錐 chiah gâu 講話！」

「Ah！你是阿和 ê châu-á-kiáⁿ--hoⁿh！足久無 khoàiⁿ--à！」

「是啦！阿伯！」

「hèⁿ！阿鹿仔兄，咱嘛眞久 m̄-bat 做伙，chit-má 好無？」

「猶 m̄ 是全款，tī 庄跤 leh 做戇牛，食會飽，脹 bē 肥，罔做仔罔做！」

「阿公…！我唱歌 hō 你聽。」

「好--à lah，媽媽 leh kap 阿公…講話，你去 kap 阿姨 sńg。」

「好！」

「chit-ê 囡仔誠活潑，閣誠 gâu 講話，阿珍！你誠 gâu 教示。」

「無啦！有較厚話，愛展寶！」

「阿公！阮 beh hām[11] 阿姨 chhit-thô，你 beh chhit-thô--bò？」

「……」

「一 ê 囡仔，較鬧熱過三 ê 大人」，因爲囡仔 ê 純眞無邪，製造氣氛，一時間帶動規客廳鬧熱滾滾，囡仔是家庭生活 ê 活泉，有囡仔 ê 家庭是幸福--ê，有天眞浪漫 ê 囡仔鬥陣，生活充滿喜樂充滿 ǹg 望，「一 ê 囡仔，較鬧熱過三 ê 大人」，beh 培養天眞活潑 ê 小孩童，ài ùi 愛 ê 教育開始。

【註解】

1. poa̍h 著爐主：用跋桮決定啥人
   做爐主。
2. 爐主：負責廟寺一年燒金點火
   大細項代誌ê負責人。
3. 風神：愛展ê性格。
4. 一睏：一擺，一次。
5. 人阮是親情：[人家我們是親戚
   關係]。
6. hông 請：hō·-lâng 請。
7. 現拄現：[眞實，現成的]。
8. 相chhōe：[走動探訪]。
9. chau-á-kiáⁿ：查某囝，cha-bó·-
   kiáⁿ。
10. 囡仔疕：小孩兒。
11. hām：kap，[和]。

55

貪俗，買狗鯊[1]。

　　貪，實在無好行為，卻是人人難得避免，貪生怕死、貪名hòⁿ利，人心牛腹肚、無錢薰大喙吞，攏是leh講人ê弱點，siáu貪無藥醫。佛家將貪瞋痴[2]當做三惡道，m̄是無道理，可見貪ê本質有偌bái，不過「貪俗，買狗鯊」chit句俗語，卻是kap貪字無關係，而且閣是過去散鄉人[3]ê可悲。

　　講起「貪俗，買狗鯊」chit句俗語，又閣惹起細漢時ê記持[4]：

　　「魚--eh！買魚--ò！麻虱目、花liang-á魚、草魚、鰱魚…嘛有赤鯮kap嘉鱲、鰇魚、墨賊仔、大管蝦…蟳仔、毛蟹、粉蟯…應有盡有，隨在恁買…魚--eh！來買魚--ò！」

　　「振仔叔，你beh買啥物？虱目魚好--無！一兩算你兩箍二就好！」

　　「Chiah-nih貴，食kah-á好[5]，he花liang-á魚一兩偌濟？」

　　「箍二！」阮阿爸頭搖--leh搖--leh。

　　「敢有牛尿魟[6]？」

　　「阿爸，he牛尿魟hiang-hiang有牛尿味，人無愛食。」

　　「你chit-ê囡仔--lih！ah無敢有狗母梭？」

　　「狗母梭魚，有啦！che hú[7]做魚脯hō囡仔配飯bē-bái，

俗閣有額，一兩兩角半著好！」

「見擺都買狗母梭，攏m̄-bat 買 he 麻虱目仔抑是花 liang-á 魚 --ō。」

「囝仔人 bat chē 啥[8]，有 thang 食就好。」

Che 是四十外年前 ê 代誌，「貪俗，買狗鯊」，大漢才知影，m̄ 是阿爸牛 pi[9] 兼 siáu 貪，實在是不得已，因為無錢。

【註解】

1. 狗鯊：狗母梭魚。
2. 貪瞋痴：tham.chin .chhi。
3. 散鄉人：[窮人家]。
4. 記持：[記憶]。
5. 食 kah-á 好：[能吃那麼好嗎]。
6. 牛尿魟：gû-jiō-hang，魟魚。
7. hú：[揉散變細]。
8. bat chē 啥：[懂個甚麼]。
9. 牛 pi：牛 pi，有入無出，[寒酸吝嗇]。

056

瞞¹生人目，答死人恩。

穿開跤褲仔大漢 ê Ló--chiàng in 老爸過身，享陽壽九十九歲，人 o-ló 講眞好命，做公閣做祖，乾仔孫幾若 ê，訃音²印紅色，連字姓燈嘛紅 kòng-kòng，假若³ leh 辦喜事咧。

因爲 Ló--chiàng kap Siau Lah-jih 仝款是攑香拜神--ê⁴，所以喪事 m̄ 但有誦經團來做功德，出山⁵前一工嘛有倩司公來做事⁶、唸經懺⁷、走赦馬、過奈何橋、擔經…猶有五子哭墓、三藏取經、弄 lâu⁸…眞正啥物齣頭都有。敢 chiah 按呢，閣有糊 hit-lō 自動車、樓仔厝…講是 beh hō 亡者死了去西方較快活，會當 tī 天頂享受，按呢囝兒孫 chiah 會過心⁹，莫怪做司公 ê 頭家 o-ló 講 Ló--chiàng in 老爸好命，序細有孝，甘開甘舞 lā¹⁰。

頭前有人 o-ló，m̄-kú Siau Lah-jih tī 後面，耳 hoⁿ 仔¹¹有聽矣人按呢 kàn-kiāu¹²：根本都是 leh「瞞生人目，答死人恩」，全是--騙人 ê，taⁿ Ló--chiàng 啥物跤數¹³，有孝¹⁴無有孝 siáng m̄ 知影，啥物 in 老爸 leh 好命？m̄ 知 ê 人叫是伊 leh 好命，了解 ê 人講 he 不過是好名--niâ，「瞞生人目」有，「答死人恩」是無影。

心內替 Ló--chiàng 悲哀，嘛 m̄ 知影 beh 按怎替伊辯解？

因爲事實就是按呢，莫怪人看了 bē 自在。

「瞞生人目，答死人恩」，到底是按怎講？你 kā 看，hiah-ê[15] 誦經做司（公）ê 齣頭，除了 o͘-mi-tō-hut，m̄ 是穿衫 chhìn-chhìn chhái-chhái，就是講話無正經，拍 làh-liâng[16]，笑 hai-hai，無--著展工夫，哭悲哀，意思是 beh tih 你 ê 錢[17]：「有孝 ê 序細有影眞甘開，taⁿ beh 過奈何橋，過橋所費較濟無嫌，做恁 kā tàn-tàn 落來[18]，o͘-mi-tō-hut！」

做事 ê 師父會啼閣會哀，siâⁿ 得[19]孝男孝女 mà-mà 吼，爲著孝順，五十、一千嘛有人甘願 tàn 落來，因爲 che chiah 是有孝 ê 囝兒。

Beh 講講 bē 了，你敢知？天光日出山送葬 ê 陣頭有外 chhiaⁿ-iāⁿ[20]，陣頭名 mài 講，kan-na 排隊就排 beh 一公里，聰明 ê 你，「瞞生人目，答死人恩」ê 風俗規矩，敢著按呢生？

【註解】

1. 瞞：môa。
2. 訃音：hù-im。[訃聞]。
3. 敢若：親像。
4. 攑香拜神--ê：傳統信仰，非佛非道，亦佛亦道。
5. 出山：出殯（pìn）。
6. 做事：做法事。
7. 經懺：keng-chhàm，經文。
8. 弄 lâu：有人講弄鐃（鐃鈸 nâ-poát），其實 m̄ 但弄鐃鈸--niâ，猶有椅、桌、碗、盤攏會弄得。
9. 過心：[過得去]，安心。
10. 甘開甘舞 là：[捨得花錢，捨得熱鬧]。
11. 耳 ho͘ⁿ 仔：耳空邊。
12. kàn-kiāu：[咒罵]。
13. 跤數：角色，貨色。
14. 有孝：iú-hàu。
15. hiah-ê：[那些]。
16. 拍 làh-liâng：[講些風涼話]。
17. beh tih 你 ê 錢：[要你的錢]。
18. tàn-tàn 落來：[丟下來]。
19. siâⁿ 得：[引誘得]。
20. chhiaⁿ-iāⁿ：出風頭 hia-pai。

57

兌--人，較慘欠--人。

　　有一ê基金會對推動本土文化誠用心，邀請Siau Lah-jih
開一ê台語讀寫班，招生結果有二十幾ê來報名，可見對本
土文化關懷ê人猶是bē少，對台語文有興趣想beh學ê人嘛
眞濟。

　　報名ê朋友講：學台語學台文實在有必要，可惜m̄知影
beh佗位學，beh kap啥人研究討論，chit-mái有基金會beh來
免費開班，閣有蕭老師願意犧牲時間來傳授，實在hō人感
心。

　　開班hit一工，董事長致歡迎詞了後，就將教學、教材ê
準備工課交代hō Siau Lah-jih全權處理，因爲上課時間排tī暗
時，基金會ê工作人員無方便，煞連鎖匙[1]kap點名ê額外工
課攏放hō我負責，taⁿ眞正有影是學校長兼損鐘仔----總貿[2]。

　　開課第一節，話頭踏進前，基金會有交代，上課照步
來，若是缺課[3]三擺，歹勢！保證金tiòh-ài自動捐hō基金會，
che是爲著鼓勵逐家照起工，認眞來，有拋子[4]chiah有thang
挽某，mài chhìn-chhìn chhái-chhái。

　　老師！若是臨時有代誌，敢會當放目kheh-á，mài hiah硬
篤，限制三擺就三擺好--無？

歹勢！che，我m̄敢做主張，本成點名chit件事是基金會家己ài做--ê，為著方便，拜託鬥相共，既然答應，tio̍h-ài照步來，人講「允--人，較慘欠--人」，信用問題，m̄是『不通人情』。做老師，Siau Lah-jih上無愛kap學生為難作對，請逐家諒解。咱taⁿ來開始，逐家攏是有趣味chiah來，請恁用心kā聽看覓，趣味ê台語，好聽ê Hō-ló話，參有智慧ê台灣俗語，包領恁聽kah笑hai-hai，以後講咱ê母語就會自在，bē閣大耳hông煽動[5]m̄知，講咱ê台語無水準，m̄是chhoh-kàn-kiāu，就是五四三[6]，母語是咱阿母阿媽ê話，家己m̄講，beh期待啥人kā咱保留？恁講著m̄著！

「允--人，較慘欠--人」，答應基金會beh按呢做，當然著照步行，今年歇熱[7]chit層工課算第一重要。

有人講chit句俗語講了傷粗氣傷悲情，講是有影，m̄-koh咱kā斟酌想一下，beh叫生活tī悲情ê台灣人祖先，講出雅氣閣無鬱卒ê言語，敢bē傷過笑詼。hiah-ê[8]bat字ê知識者，大部分攏tòe[9]統治者講hit-lo̍h番仔話（非母語），chhun--ê無讀冊ê戇百姓講bē出心內話，敢有法度講hit-lo̍h幼秀文雅ê文明話？俗語反應生活，「較慘」ê含意敢無比「可惜」較入骨合味[10]，「慘」了閣再「慘」，意思敢無較深入，欠錢ài還（hêng），天公地道，允--人比欠人錢閣較要緊，因為你家己歡喜來答應，當然著謹記在心，無用「較慘」beh用啥言語chiah會好聽文雅閣『傳神』，請逐家來tàu想看覓咧！

【註解】

1. 鎖匙：só-sî。
2. 總貿：chóng-báuh。
3. 缺課：khoat-khò。
4. 捘子：iā-chí，［撒種子］。
5. hông 搧大耳：hō 人搧大耳，hō 人欺騙。

6. 五四三：不三不四，無正經。
7. 歇熱：暑假。
8. hiah-ê：［那些］。
9. tòe：跟隨。
10. 合味：hàh-bī，kah-bī。

058

淡水魚，入鹹水港。

海基會副董事長許惠祐[1]，七月初六去民進黨「中國政策會報」演講「兩岸[2]歷年談判ê經驗kap決策模式[3]」。

演說中，許惠祐一再強調伊到民進黨來是「淡水魚，入鹹水港」，立場歹徛，恐驚惹起誤會，伊是國民黨員，閣是tī半官方ê海基會工作，來到全國上大在野黨民進黨ê中央黨部，因爲兩岸關係敏感，閣tñg著2000年總統選舉ê挤場tng-leh熱phut-phut，欲講ê話題，定著會引起議論。

其實che應該m̄免掛慮，逐家攏是台灣人，攏有台灣心，若將中國是中國，台灣是台灣，分hō清楚，汰會[4]惹問題？台灣本成就是海洋國家，chián水[5]、鹹水常常嘛lām做伙，溪口ê潮間帶[6]，魚蝦海產攏嘛淡水鹹水kheh-kheh做同齊[7]，和平做伙，麻虱目仔[8]有chián水--ê，有鹹水--ê，烏魚佇海洋是烏魚，若泅khit來淡水就是烏仔魚，鮭魚[9]欲傳後代，一定m̄驚艱難，溯水[10]而上，chiūn山[11]去生淀，啥物「淡水魚，入鹹水港」，對咱台灣來講是無啥物thang驚惶，何況國民黨、民進黨攏是愛台灣ê黨，黨是無全，爲台灣拍拚ê心是全心肝，許惠祐，做你免驚。

不過，許惠祐兄弟，你若是欲kap中國仔搬hit齣訪問來

訪問去 ê 老『問題』，你著 sè-jī[12]，he chiah 是原本「淡水魚，入鹹水港」，身陷絕地乑處理 ê 原意，請你一定 ài 堅持「台灣是台灣；中國是中國」，「魚 hoān 魚，蝦 hoān 蝦」，m̄ 是一ê 中國，m̄ 是一國兩制，按呢 chiah bē 去 hông sȯp 去[13]。

【註解】

1. 許惠祐：khó͘ hūi-iū。
2. 兩岸：lióng-gān，nn̄g-hōaⁿ。
3. 模式：bô-sek。
4. 汰會：怎會。
5. chiáⁿ 水：淡水。
6. 潮間帶：tiâu-kan tài。
7. kheh-kheh 做同齊：[擠在一起]。
8. 麻虱目仔：虱目魚。
9. 鮭魚：ke-hî；kui-hî；kúi-hî；kóe-hî。
10. 溯水：sok-chúi。
11. chiūⁿ 山：上山。
12. sè-jī：小心。
13. sȯp 去：食去。

059

魚 hoān 魚，蝦 hoān 蝦[1]。

老兄弟，he 報紙寫 he 李總統：R.O.C. kap P.O.C. 是兩 ê 國家，到底是啥意思？講啥物碗糕？哪會 sa 攏無！

Ah he 就是講有兩 ê 國家是無仝國 --ê 啦！

人煞 m̄ 知影是講兩 ê 國家，我是 leh m̄ 知影 R.O.C. kap P.O.C. 是哪會 kap 咱總統有關係？

ah 煞 bē 曉[2] 家己看，報紙 m̄ 是 tī-chia。

Kah 若[3] bat 有 hiah-chē[4]，ah-sái[5] kā 你問。

歹勢！he 我嘛 m̄-bat 偌濟，ah！老師來 --à，咱來問老師。

老師！che R.O.C. kap P.O.C. 是啥意思？

「hò͘！R.O.C. 就是中華民國，P.O.C. 就是中華人民共和國。」

Ah 按呢我知 --a，就是李總統講中華民國 kap 中華人民共和國是無仝國 --ê。

Ah che m̄ 是逐家早就知影 ê 代誌，「中國是中國；台灣是台灣。」

m̄ 是按呢啦！m̄-bat，就 mài choàn[6]。你無聽老師按呢講：R.O.C. 就是中華民國，P.O.C. 就是中華人民共和國。

Ah 中華民國 m̄ 就是台灣，台灣 m̄ 就是中華民國，屧

pha⁷ m̄ 是 pha 羼，pha 羼 m̄ 是 羼 pha，你敢 m̄-bat 聽人講過，「台灣是台灣；中國是中國」，全款意思啦！

唉！有影，你 bat 較濟，照按呢 kā 看，李總統 ê 意思 m̄ 著是認爲 in 中國 kap 咱台灣無牽礙--lò！

著！著！著！thap 一句⁸ 俗語來講，就是「魚 hoān 魚，蝦 hoān 蝦」，台灣 kap 中國 ê 關係是「台灣是台灣；中國是中國」，「魚 hoān 魚，蝦 hoān 蝦」。

早前人講「一人一家代，公媽隨人祀」，m̄ 著又閣 bē 通？

「一人一家代，公媽隨人祀」，he 是講兄弟分開食，冤家計較講 ê 氣話，ah in 中華人民共和國根本就 m̄-bat kap 咱台灣有牽礙，當然是「魚 hoān 魚，蝦 hoān 蝦」，ài 分 hō 好勢。

【註解】

1. 魚 hoān 魚，蝦 hoān 蝦：[魚是魚，蝦是蝦]。
2. àh 煞 bē 曉：哪 bē 曉？
3. Kah 若：假使若。
4. hiah-chē：[那麼多]。
5. àh-sái：何必。
6. mài choàⁿ：[別臭屁愛現]。
7. 羼 pha：[陰囊]。
8. thap 一句：套一句。

060

米甕仔弄 lâu。

弄 lâu 是啥物？年紀四五十，抑是庄跤人，可能 bat khoàiⁿ（看見）過，人 leh 做喪事，倩司公來念經，倩[1]道士來引魂，以外猶有一項看鬧熱 ê 齣頭，簡單--ê 由道士仔弄鐃鈸[2]做 gī-niū[3]，意思是欲 hō͘ 喪家小 tháu 放[4]一下心情，mài hiah 鬱卒。若欲較 chhiaⁿ-iāⁿ[5]，展現序細甘開甘舞 lā[6] ê 孝心，就倩 he 專門技術 ê 師傅，弄椅弄桌無夠看，弄 hit-lō péng-liàn 狗仔[7]，倒頭栽弄瓷仔涵缸[8]，che 就叫做弄 lâu。

「米甕仔弄 lâu」，夭壽[9]，又閣無米--à，無米 bē 曉煮番薯湯，番薯湯食點心是 bē-bái，m̄-kú 若 beh 做正頓[10]，恐驚對身體會損[11]，嘛無氣力 thang 掘 thang 扛。

「米甕仔弄 lâu」ê 心酸，三 siap 年[12]前 ê 代誌，老爸一人做 kah 三四分地，一冬收成嘛 chiah 兩千幾斤，iàh-beh 田租，iàh-beh 肥料、播田、割稻仔 ê 工錢，阮作--ê[13] 是放領地，田租比三七五[14]閣較濟，納納還還[15]咧敢 chhun 有一千斤，粟絞做米[16] m̄ 知影閣 tiòh 蝕[17]幾斤？一家口仔 chiâⁿ 十 ê，beh 食六個月，tâⁿ[18] 割稻 hit 個月，清米飯食 bē 畏，尾仔兩個月，「米甕仔弄 lâu」是常事，厝邊頭尾借透透，爲著腹肚枵，敢會使 chit 晡 tìm 頭？

「米甕仔弄lâu」，講hō 阮後生查某囝聽了後，in 煞喙仔 ngi-ngi[19]，頭殼搖咧搖咧，『不知道』就是『不知道』。

【註解】

1. 倩：chhiàⁿ，〔雇〕。
2. 鐃鈸：nâ-poa̍t。
3. gī-niū：趣味消遣。
4. tháu 放：透氣解放。
5. chhiaⁿ-iāⁿ：〔熱鬧愛現〕。
6. 甘開甘舞lā：〔捨得花錢，捨得〕鬧熱。
7. péng-liàn 狗仔：〔翻筋斗〕。
8. 瓷仔涵缸：hûi-á âm -kng。
9. 夭壽：iau-siū，〔糟糕〕。
10. 正頓：正餐。
11. 會損：ē-sńg，會損害。
12. 三 siap 年：三四十年。
13. 作--ê：choh--ê，作田（choh-chhân）m̄是做田（chò-chhân）。
14. 放領、三七五：公地放領、三七五減租。
15. 還：hêng。
16. 粟絞做米：〔穀子碾成米〕。
17. 蝕：sih；sit。
18. tâⁿ：〔剛剛〕。
19. 喙仔 ngi-ngi：〔傻笑〕。

061
有‑‑兩‑步‑七‑à。

1958年，考入台中師範普通科，是一層歡喜事，歡喜將來會tàng 做老師。讀公費師範，thèng-á（thang-á）減少阿爸負擔眞濟錢，而且出業了後閣免央三託四[1]，就有頭路便便thang 趁錢，hō 阮庄跤散鄉人看著，攏嘛欣羨Siau Lah-jih，欣羨kah beh 死，一直o-ló 阮阿爸，恁囝哪會chiah-nih gâu，職業家己chhōe 好好，開錢閣免hō 你操勞[2]。

阮是讀beh 將來做老師，所以讀冊ê 科目kap 一般ê 高中職業學校無相仝，國文（中國語文）眞重視，嘛有一科國語，專門練習ㄅㄆㄇㄈ、ㄓㄔㄕ；美術、音樂阮上gâu，西畫國畫（毛筆畫）ài 會曉；風琴phi-ah-noh 有研究，五線譜阮看有；上無看重‑‑ê 是三角、幾何kap 英語，因爲遮kap 國小學生『沒關係』；歷史、地理當然著讀，見講攏是中國hit 爿ê 齣頭，啥物周公文武一脈相傳[3]，啥物長江、黃河、烏龍江，遮kap 咱ê 生活無關係，m̄-chiah 時常讀kah chhut-chhê[4]，落氣kah hê-hê-hê，眞是見笑代，hō 同窗‑‑ê 看kah 笑 hai-hai。

畢業了後，志願轉來庄跤教冊，國校課程是包班制，會用得講十八般武藝，逐項攏tiòh 會，好佳哉師範學校已經教阮濟濟，雖然三年短短，學會曉‑‑ê 無偌濟，m̄-kú 騙囡仔[5] ê

工夫，濟少攏嘛有，講北京語「有--兩步七à」；教算術，beh 考師範進前就學會；教唱歌著彈風琴，阮嘛「有--兩步七à」；教畫圖、寫毛筆字「有--兩步七à」，絕對無問題；chhōa 學生 chhit-thô 上體育，簡單無比…。

　　總講一句，師範課程是通才教育，beh 做國小老師，tiòh-ài 十八般武藝，件件皆能，雖然 m̄ 免偌精，上無嘛 ài「有--兩步七à」，chiah 會使 chit 倚 tiàm 台仔頂，m̄-chiah 師範 ê 老師，教阮 hiah-ê 功課只是半籠師 ê 知識。過去半籠師 hō͘ 人 o-ló kah tak 喙舌，現此時半籠師 tàn 掉可以[6]，因為愈來愈濟 ê 少年輩老師，m̄ 是大專，就是師院，m̄ 但有學士專精，閣有碩士專門，分科愈細，學術愈精，這是好現象，嘛是時代 ê 趨勢，阮 chiah-ê LKK[7] ê 師範生，好退休--lò！

【註解】

1. 央三託四：iang-saⁿ thok-si。
2. 操勞：chhau-lô，操煩。
3. 一脈相傳：chit-mèh sio-thoân。
4. chhut-chhê：[出差錯]。
5. 騙囡仔：[哄騙]m̄ 是眞騙。
6. tàn 掉可以：[可以放棄]。
7. LKK：lāu-khok-khok。

062

一日食飽，做店仔掌[1]。

（一日食飽，算蠓罩目）

「Hó͘！你這個囡仔！又閣來 tī 遮 leh 做店仔掌！害我 chhōe 規晡，人 ê 店仔 bē 倒去啦！」

「阿爸！人習題寫了 --à neh？」

「寫了就會使做店仔掌 --hioh？來去田裡 tàu khau 草[2]，囡仔人 m̄-thang 貧惰。」

「ňg！人無愛去啦！」

「莫怪恁阿媽講：囡仔人讀啥冊？愈讀愈貧惰！果然無錯，好佳哉恁阿媽過身去[3]--à，若無，讀冊？做你免 siàu 想。行！來去 khau 草，較 kut-la̍t--leh，chiah beh hō͘ 你讀冊。」

往過[4] 庄跤店仔，除了提供日常煮食日用品 kap 薰酒、囡仔物以外，閣兼有休閒、phò-tāu 話仙、參詳討論 ê 功能，所以作穡人工課若做煞，攏會來店仔頭行行看看咧，買物、聽 news、破甘蔗、pōe 虎鬚，若有代誌 beh 參詳，抑是有老歲仔 beh 講古 hō͘ 人聽，逐家就會坐 tàu 久[5]，大多數 kut-la̍t 拍拚 ê 農夫，攏 m̄ 敢坐傷久，第一 ài 做工課，第二驚人 phì-siùn[6] 是「店仔掌」，he 就是貧惰人 ê 另一種語言。

「做店仔掌」，老人 kap 囡仔上蓋 hèng[7]，老歲仔人會當『倚老賣老』，囡仔人上愛聽大人畫仙 phò-tāu，除了 chit 兩款

人，猶有一款「一日食飽，做店仔掌」ê àu[8] 少年，十七八歲 ê 少年家，三四十歲 ê 叔兄輩，一日食飽無代誌做，tiàm 店仔頭 kek 戀話[9]，kā 店頭家交關--ê 眞少，m̄-kú 店仔頭一工無看著伊，閣會感覺礙謔 gāi-giòh[10]。

奉勸少年囝仔兄，做人著拍拚，無代誌做 m̄ 是好命，「一日食飽，做店仔掌」，嘛 m̄ 是好名聲。

【註解】

1. 店仔掌：tiàm-á-thèⁿ。
2. tàu khau 草：[幫忙拔草]。
3. 過身去：去世。
4. 往過：éng-kòe，[過去]。
5. 坐 táu 久：看誰坐上久。
6. phì-siùⁿ：批評諷刺，（批相；鄙相）。
7. hèng：興，趣味。
8. àu：腐。
9. kek 戀話：講戀話。
10. 礙謔 gāi-giòh：[怪怪的]。

063

西北雨，落 bē 過田岸。

　　早起六點半，日頭已經浮上山，門口埕 hit 三四堆像山 ê 粟堆，已經坦平耙 lêng[1] leh 曝日，向望今仔日 ê 日頭赤焱焱，曝 kah 日頭落海[2] 進前，看有 thang 鼓粟[3] 入倉--無，若閣來一陣西北雨，可能 tiòh-ài 延 chhiân[4] 到後--日。

　　桃仔內[5] 全竹圍[6]--ê 七八 ê 查某人，互相放伴曝粟、趕雞仔鳥仔、育（io）囡仔兼煮食，查埔人攏 tī 田裡割稻，無閒 chhih-chhah，曝 kah 汗那流那滴，in liâm-mi[7] tiòh-beh 轉來擔點心，bē 赴人食是做無工課…

　　「五嬸--à，你好心，囡仔 kâ（kā 我）搖--一下，鼎 tng-leh 滾，是行 bē 開跤--咧！」

　　「大姆，chiah-ê 草 hiūⁿ[8] 幫我 jiàu-jiàu[9]--leh，無 hō͘ 囡仔食奶 bē 使 chit，傷枵去 à！」

　　「A-jih--ê！較緊來 tàu 趕雞仔！」

　　「粟擔閣轉--來 à！逐家來 tàu jiàu 粟，Jih--ê，來--一下，chit 隻稻蝦[10] hō͘--你。」

　　無閒，時間過了特別緊，一目 nih 已經下晡時二點外。

　　無張無持：

　　「較緊咧！逐家緊出來--ò͘，大耙，小耙攏總 sa[11]，囡仔

較緊 kōaⁿ 稻草，西北雨 tī-beh 到，大姆二姆恁 kā 看，西南天烏一爿，無較緊收會收 bē 赴。」

「有影 to-tióh，烏跤西南 liâm-mi 到，我看今仔日恁 chiah-ê 粟仔是 bē 鼓得。」

chim-chim 耙 chim-chim 會[12]，一目 nih 仔粟堆堆像山，囡仔兄囡仔姊，閣若 leh 走相 jiok，蹤 kah 誠歡喜。

「稻草 tióh 蓋[13] 較好勢咧，若 hō͘ 水涉入去，粟仔若發芽就無彩咱 leh 拚，天公疼戀人，天公伯--à！你就 m̄-thang 落傷久！」

無十分鐘，粟仔成山 khàm 好勢，斤外重 ê 雨滴隨時到，phih-phih 噗噗落十外分鐘，雲時來，雲時停，雨過天青，「逐家來--ò͘！閣來耙粟曝粟，看會當曝過工--無！」

西北雨，直直落，鯽仔魚，beh 娶某。
鮕鮐兄，拍鑼鼓，媒人婆--a 土虱嫂，
日頭暗，chhōe 無路，趕緊來，火金蛄，
做好心，來照路，西北雨，直直落。
西北雨，直直落，白鷺鷥，來趕路。
poaⁿ 山嶺，過溪河，揣無岫，跋一倒，
日頭暗，beh 怎好，土地公，土地婆，
做好心，來 chhōa 路，西北雨，直直落。（台灣童謠）

「西北雨，落 bē 過田岸」ê 奇景，tióh-ài 田裡曠野 chiah 看會著，雲時來，雲時去，是伊 ê 特色，嘛有 he 頂坵落 kah hō͘

人戴瓜笠 moa 棕簑，下坁卻是無半滴。上稀奇閣趣味 --ê，就是細漢讀冊時，下晡放學 beh 轉去，行到半路 tñg 著烏跤西南 beh 落西北雨，因為無穿雨幔，kó-put-jî-chiong 半行半走，走 hō 雨 jiok，走到厝內，雨嘛 jiok kah 門跤口，雖然 phī^n-phē^n 喘，規身軀閣焦鬆焦鬆，連一滴雨霎仔都無 lâm[14]-tióh，「西北雨，落 bē 過田岸」，che 是事實，m̄ 是 leh 講怪奇。

【註解】

1. 耙 lêng：[耙成一隴一隴]。
2. 落海：西台灣是日頭落海。
3. 鼓粟：用風鼓鼓粟仔。
4. tióh-ài 延 chhiân：需要拖時間。
5. 桃仔內：仝祖公 --ê。
6. 仝竹圍：[同院內]。
7. liâm-mi：[馬上][一下子]。
8. 草 hiū^n：粟仔以外 ê 雜稻草幼仔。
9. jiàu-jiàu：[耙一耙]。
10. 稻蝦：[螽斯的一種]。
11. sa：[抓取]。
12. chim-chim 耙 chim-chim 會：[邊耙邊談論]。
13. khàm：[蓋]。
14. lâm：[淋]。

064
閒到掠虱母相咬。

歇熱已經歇去半月日，昨昏tng著吳老師，看伊憂頭結面，m̄知影leh操煩啥物代誌，一屑仔攏無笑神。

「吳老師，有去佗位chhit-thô--無？」

「無--à！」

「有leh peh山運動，抑是kap人唱歌lā曲？」

「無--à！」

「ah無，敢有leh kap人sńg笑仔，拍--幾雀à無？」

「無--à！he早就改掉--ā！」

「ah無！是leh無閒囡仔ê代誌，抑是leh sńg股票？」

「無--à！囡仔大漢m̄免咱費氣，麻雀都m̄敢ī[1]--ā，he股票哪敢khàp[2]--伊！」

「抑無，lò-lò長[3]ê歇熱日子，你是leh按怎過？」

「無--à！『英英美代子[4]』啦，「閒到掠虱母相咬」而已，poàh-kiáu無愛，運動無趣味，囡仔代誌m̄免chhap，讀冊傷精神損目睭，出門傷thiám[5]，出國著開錢，只好閒閒無代誌做，m̄是看報紙，就是看電視，閣來就是『掠虱母相咬』。

「奇怪？歇熱chiah-nih好，你哪bē曉安排chhit-thô，抑是進修出國看光景？」

「都是按呢--m̄！老就輸，tòe bē著時代，家己生活閣頇顢安排，有上班ê日子較好過，一下免上課煞感覺gāi-gio̍h gāi-gio̍h[6]，aih！」

『英英美代子』，「閒到掠虱母相咬」ê日子，敢有影chiah-nih 歹過？有經驗過ê人chiah 會知，所以講無閒chiah 是福，有工課做ê人上好額。

【註解】

1. m̄敢ī：[不敢玩]。
2. kha̍p：磕，接觸。
3. lò-lò長ê歇熱：[漫長的暑假]。
4. 『英英美代子』：閒閒無代誌。
5. 傷thiám：[太勞累]。
6. gāi-gio̍h：[彆扭]。

065

四兩 ńg-á¹，無除。

「趙老師！你ê手按怎--hioh？」

「裝傷啦！舊年ê老症頭閣復發，無糊擋 bē-tiâu²，疼 tiuh-tiuh。」

「Ah taⁿ 球 m̄ 著 bē 拍得--à！」

「都是按呢 m̄ siáⁿ³！」

「抑是按怎會 kiat kah chiah 厲害？照看無歇睏--半年是 bē 准過！」

「抑有法度？攏 ài 怪家己 m̄ 認份，「四兩 ńg-á，無除」，食老 m̄ 認老，偏偏 beh kap 少年--ê 拚，拚 kah 誠爽快，m̄-kú 拚了 chiah 知代，手後 khiau⁴ 痠閣疼，球梧仔⁵若 kā 甩落去，隨時疼 tiuh-tiuh，bē 堪得閣用力，不得已，著歇--一站à。」

「趙老師，你是 kah siâng（啥人）輸贏？」

「tō hiah-ê 讀體專ê學生啦！」

「莫怪，有影是你家己「四兩 ńg-á，無除」，無認份。論心理，人 m̄-thang 認老，食 kah 老，學 kah 老，是終身學習ê原動力，若比體力，有影食老哺無塗豆，有較輸，千萬 m̄-thang 定定想 beh kap 少年人拚，拚了過頭，chiah 來哀哀 chảp-chảp 喝救命，he 就老 liân-hôe--lò，後擺較 mài--leh！」

家己 ê 弱點著檢驗，m̄-thang 認輸，嘛 m̄-thang 逞強[6]，親像生理人，秤物件，除了秤頭 ài 有夠以外，貯物件 ê ng-á ài 會曉家己除掉，chiah bē hō͘ 人誤會你 siáu 貪[7]。生理人「四兩 ńg-á，無除」是貪人 ê 錢財；bē 堪得傷做，bē 堪得加食 ê 人，煞來「四兩 ńg-á，無除」，貪做貪食，可能會損害身體；若是為著貪虛名，个人 ê 學歷、才華、地位…種種 kap 人 bē 四配，閣硬 beh kap 人交陪論 koân 低，he 嘛會 hō͘ 人 ge-sé[8] 講「四兩 ńg-á，無除」，he 就真歹勢。

【註解】

1. 四兩 ńg-á：ńg-á ê 重量大約四兩重。
2. 無糊擋 bē-tiâu：[不敷藥受不了]。
3. 都是按呢 m̄ siáⁿ！：[就是如此，不是又是什麼？]。
4. 手後 khiau：[肘關節]。
5. 球柶仔：[球拍]。
6. 逞強：théng-kiông。
7. siáu 貪：[貪小便宜]。
8. ge-sé：諷刺。

066

風颱做了, chiah 回南。

「小王--ê！歹勢啦, tú-chiah 實在有影較 chhóng-pōng, m̄ 知頭嘛m̄ 知尾, kan-na 聽人講一ê 影就生一ê 囝, 對你來誤 會, 閣對你來 phi-phi phè-phè[1], 抑無 hō 你辯解, 嘛無 hō 你回 話, 做一睏仔 kā 你消毒, kā 你諷刺 ge-sé, 正 khau 倒削, 閣 罵閣詈, 你攏無應 kah 半句話, hō 你有夠委曲, taⁿ kā 你會 失禮啦--hoⁿh！『對不起』！歹勢閣失禮！望你赦罪, mài 記 小人話！」

「Taⁿ 你是 leh「風颱做了, chiah 回南」--sioh? 罵 to 罵了, 詈嘛詈過, 逐家是老兄弟, 誤會總是難免, 計較 beh-nî！台 灣風颱, 做了有回南, che 是正常, 若無回南, 就無彩咱兄 弟半世人。」

台灣！美麗 ê Formosa 有影真美麗, 可惜風颱有較厚淡 薄--à, 七--月來有較早, 九--月來有較晏[2], 八--月是正當 時, 1958 年 ê 前後, 發生 ê 八七 kap 八一, 攏 tī 八月時, ùi 恒春一帶登陸, 盤過中央山脈, 來到中台灣彰化所在, 代先 是吹北風, sǹg-sǹg 叫, 厝倒樹落葉, 驚惶過一暝, 天光煞 恬 chut-chut, 阮囡仔歡喜 kah 笑 bún-bún, 四界罔巡, 想 beh khiok 看有好 sńg ê 物, 抑是 khioh-tiòh[3] 落落來[4] ê 果子 thang sut[5]（食 sut），大人上知害，因爲回南 ê 風颱 liâm-mi[6] 來，無的確閣較厲害。

　　其實風颱 ê 厲害，kap 回南無一定有關係，風颱 ê 大細強弱，登陸 ê 地點，當然是災害 ê 重要因素，m̄-kú 有時仔風災無礙，外圍環流造成 ê 水災 chiah 是連天叫哀。會記得十二年前 hit-ê 韋恩風颱，伊是 ùi 濁水溪口 chiūⁿ 陸，順溪埔仔直掃阮田中、二水、社頭一帶，雖 m̄ 是大風颱，嘛無回南，卻是 hō 伊 kiat 一下東倒西歪。

　　風颱 ê 範圍誠闊，看伊對佗來，中心點 tī 佗位，若是正衝 ê 所在，一定先吹北風，然後進入風颱目，風勢暫停，尾仔 chiah 來回南，過程一步一步攏總來。原來台灣 ê 位置 tī 北半球，風颱 ùi 南洋起因，一般行西北向，風颱 ê 絞螺仔風是倒絞[7]，m̄-chiah 北風會代先到，然後 tn̄g 著風颱眼，煞尾當然是回南 ê 南風，che 是比較較完整 ê 風颱過程，若是邊--a phiat--著，掃著風颱尾，就無定著有回南。

【註解】

1. phi-phi phè-phè：[淅瀝嘩啦]。
2. 晏：oàⁿ。
3. khioh-tiòh：拾著，[揀到]。
4. 落落來：làk-lòh-lâi。
5. thang sut：可以[食]（客語）
6. liâm-mi：馬上，隨時。
7. 倒絞：[左旋]。
※ 笑 but-but：似應爲笑 bún-bún

67

掃著風颱尾仔。

風颱若 ùi 台東登陸，對西台灣較 bē 妨害，因爲有中央山脈 ê 把守，中部所在大部分攏「掃著風颱尾仔」--niā-niā，災害無濟，m̄-kú 台北、宜蘭就有夠 liân-hôe，m̄ 是厝倒樹倒，就是做水災，淹 kah 厝尾頂，損失眞厲害。

若照按呢講，「掃著風颱尾仔」m̄ 著無啥要緊 ê 款？he 嘛無一定，有當時仔大風颱帶來 ê 外圍環流，kân[1] 眞濟雨雲水氣，帶來超濟 ê 雨水，造成 ê 災害，定定比風颱猶閣較嚴重，特別咱台灣 ê 山坡地開發 kah 傷傷重[2]，傷無臭無 siâu[3] ê 情況下，水災比風災閣較使人驚。

現實 ê 生活中，「掃著風颱尾仔」ê 機會嘛常常拄著，hit 日 tâⁿ ùi 外口踏入門，歹運 tn̄g 著牽手 leh 教示[4] 後生，tng-tī 風火頭[5]，氣 chhoah-chhoah，是我疼子傷過分，無分是非，m̄ 知影底系[6]，就 kā 太太插喙，m̄-thang 按呢嚴格教囝，結果如何，結過婚 ê 男女攏嘛知，定著無好聲嗽，「掃著風颱尾仔」，參你罵參落去，che 是翁某教囝無一致 ê 戰爭。

無張持「掃著風颱尾仔」beh 按怎？上好 m̄-thang beh 論輸贏、分著 m̄ 著，衰 siâu 去「掃著風颱尾仔」，吞忍一下，

liâm-mi 就過去，風颱若過了，回南嘛 liâm-mi 到，這是一定 ê
道理。

【註解】

1. kân：[夾帶]。
2. 傷傷重：siuⁿ siong-tiōng。
3. 無臭無siâu：無理無由。
4. 教示：教訓兼示範。
5. tng-tī 風火頭：[正在風頭上]。
6. 底系：[底細關係]。

068

銀師 ¹m̄ 貪銀，餓死一家人 ²。

有一ê百萬富翁做人仁慈有疼心，無重男輕女ê漢文化思想，六十歲hit 年伊已經生八ê查某囝，無半ê後生，不過伊無怨嘆運命，無怨嘆天公無公平，猶原非常疼惜伊所有ê查某囝，m̄管已經結婚，抑是猶tī 厝裡sai-nai 陪伴。

六十歲hit 年伊 beh 做生日，為著 beh hō͘ 伊八ê 千金歡喜，伊偷偷去金仔店拍八隻金 lā-poe ³（挐桮），beh hō͘ in 永久紀念。伊特別chhōe 一ê 手藝真讚閣有信用ê 銀師，特別交代，金器著仝一ê 模樣，平大閣平súi，重量 m̄-thang 偷，一定攏著 chiâu-chiâu 兩兩重 chiah 會使，一屑仔都 bē 精差 --tit，因為百萬富翁伊真知，真知「銀師 m̄ 貪銀，餓死一家人」ê道理，所以伊閣特別提起，工資偌濟錢，做你開喙 mài sè-jī，著合我ê要求上要緊。

生日hit 一工，八隻金 lā-poe 做 kah súi-tang-tang，閣有影那真ê 仝一款，逐隻都平 koân 平大，八ê 查某囝攏免揀，一人提一隻，逐ê 歡喜 kah，攏感謝老爸ê 疼愛，一直 kā 老爸sai-nai 講哪 m̄ 事先講 hō͘ in 知，老爸當然嘛歡喜 kah，講：若代先就 kā 恁講，按呢都無稀奇，嘛 bē-tàng 看著恁這陣仔ê 歡喜，阿爸上愛看著 --ê，就是恁ê 笑神，希望 --ê 就是恁逐家

攏會笑微微，taⁿ 恁逐家閣看較詳細，看 chit 八隻金 lā-poe 猶有啥物無仝 ê 所在 -- 無？

Tī 歡喜鬧熱 ê 生日宴會中，m̄ 但主人家一家大細 leh 輕鬆講話，厝邊隔壁、親情朋友嘛 leh o-ló 好額人 ê 好命慈悲，欣羨做伊 ê 查某囝實在眞福氣…

突然間，「阿爸！hō 我發現一 ê 無仝款 ê 所在？」

無仝款？佗位無仝款？kah 奇[4]！

「阿爸！你 m̄ 是講一隻兩兩重，chit 隻才一兩九錢！hit-ê 銀師有問題？」

「銀師 m̄ 貪銀，餓死一家人」，m̄ 煞變慣勢，明明 kā 你來交代，你猶是用 chit 步來 kâ（kā 我）騙，實在 bē 使 chit 容允[5]-- 你。另外 hit 七隻敢猶有偷工減料 --ê？

「阿爸！無 --lah，kan-na chit 隻 --niâ」。

講百萬富翁做人仁慈有疼心，就是按呢，雖然被騙 hō 人懊惱，m̄-kú 天光日伊提八 kha 金器 beh 去 kap 拍金仔師傅議論，伊煞臨時改變主意：

「司 --ê！明 phín tī 頭前[6]，你哪會無正經，八隻金 lā-poe tī 遮，佗一隻是無夠份量，你指 hō 我看！」

「àh 有可能[78]，he 攏眞工夫做 --ê，雖然欠一錢，無用天平秤，kan-na 用目睭看，是無法度分辨，攏是一時 siáu 貪[9]，歹勢啦！beh 罰 hō 你罰，罰偌濟，我攏無反悔，是我 ê 不是，甘願受罪。」

「看你古意，無 kā 你懷疑，taⁿ 你也 chiah 誠意認 m̄ 著，kâ（kā 我）會不是，我無 beh kap 你計較，taⁿ，出一 ê 難題

hō 你花，你若排解會好勢，代誌自按呢 chhé[10]，mài 閣會；若是無計 thang 排解，hit kha 無夠重量--ê，就無 beh 算錢 hō--你。」

題目是按呢：你 kan-na 會使 chit 用天平秤兩擺，就 ài 揀出 hit 隻欠一錢重 ê lā-poe。限時一點鐘。

傷腦筋 ê 時間，請朋友恁嘛 kā 銀師 tàu 解決，度一 ê 難關，挽回伊 ê 底蒂信用！

［解答］

第一擺：一爿三隻、三隻，若平重，就是另外 hit 兩隻，第二擺秤，當然答案隨知；若是第一擺秤--ê 無平重，輕--ê hit 三隻閣掠兩隻來秤，若無平重，當然知影答案，若是平重，當然是猶 hit 隻是答案。

【註解】

1. 銀師：gîn-sai，〔金銀匠〕。
2. 銀，人：gîn，gîn（jîn）。
3. lā-poe（抐桮）：〔黑面琵鷺〕。
4. kah 奇：〔會如此奇怪？〕。
5. 容允：允准，原諒。
6. 明 phín tī 頭前：〔明白約定在前面〕。
7. áh 有可能：哪有可能。
8. ah 有可能：抑有可能，嘛有可能。
9. siáu 貪：貪小便宜。
10. 自按呢 chhé：〔就此打住〕

069

贏贏 kiáu, poa̍h kah 輸輸去。

最近手氣誠 bái，常常 leh 做輸兄[1]，見拍見輸，連輸一禮拜，爲著 che，翁仔某險險仔起冤家，我怪牽手傷軟 chiáⁿ[2]，心肝無夠雄，m̄-chiah hō͘ 對方有機會反攻；牽手罵我傷過好勝，無夠軟韌，該守無守，硬 beh 搶功，m̄-chiah 時常「贏贏 kiáu，poa̍h kah 輸輸去」，有夠現世。

頭前 ê 言語是 leh 怨嘆拍球拍 bē 贏，m̄ 是 leh 論 kiáu ê 技巧，poa̍h-kiáu，Siau Lah-jih 是 bē 曉，不過拍球是誠認眞，阮是拍網球，tēng 式[3] 網球拍 khit 來誠紳士，雙打分兩片，一組兩人，互相合作幫忙，一粒來，一粒去，啥人 àu-sái 出界抑是拍無著，就是輸一分，連輸四分就換人開球，若是三比三 jiuh-suh，beh 贏球 tio̍h-ài 閣連贏兩分，一局四分，六局算一盤。

阮是拍翁仔某組，一男一女總是技術 bē 平均，阮 chit 組是牽手較 gâu 牽球，殺球眞準，可惜無力，我 ê 球雖然較強，m̄-koh 欠穩定，一球 khau--落去，m̄ 是著網仔，無著 àu-sái，眞眞氣死人；謝老師是前營底，球雖是軟軟無威力，不過開球神準，mài hō͘ 伊球上好，若 hō͘ 伊閘著，穩死無生，謝太太球路兒 kài-kài，眞歹接，好佳哉定定 àu-sái。

講 khit 來就厭氣，過去定定嘛贏 --in，m̄知按怎？chit 幾工攏一直輸 kah bē 翻身，其實 m̄是技術差人傷濟，實在是家己拍 bái 去，翁某 bē 會齊是上大 ê 致命傷。就親像今仔日下晡拍 --ê chit 盤，五平了後 beh 拍第六局論輸贏，第六局阮已經先贏三分，閣一分就勝利在穩，啥知一人 khai 兩分[4]，最後開球閣 la-bu-luh 雙失敗，就按呢贏三輸五，結束球賽，輸 kah 塗塗塗，你講會懊惱也 bē?「贏贏 kiáu，poa̍h kah 輸輸去」，雖然 m̄是輸錢，m̄-koh 定定做輸兄，實在 khi-mo͘-chih ôa-lúi。

【註解】

1. 輸兄：師兄。
2. 軟 chiáⁿ：[軟弱無力]。
3. tēng 式：[硬式]，m̄是（ngē-sek）。
4. khai 兩分：像開錢按呢送人二分。

070
一句話、三斤六重。

「kók, kók, kók⋯」；「杯仔提兩 ê 來」。「這是啥？」

「VTL phi。你 mài chiah sông¹ 好 --bò。無彩彰化 tòa chiah 久²，連 chit 種汽水你也 m̄-bat³。」

「⋯⋯」

「爸！hit-ê 人講話哪會 chiah-nih 歹聽，ná 像 leh kap 人 sio-chèⁿ⁴，抑是 beh kap 人冤家按呢？爸！你 m̄ 是講咱 ê 台灣話真好聽，講話若唱歌 --leh！哪會 hit-ê 人講話 hiah-nih 歹⁵？」

「m̄ 是咱 ê 台灣話歹聽，是 hit-ê 人講話傷硬，欠輕聲細說，所以 m̄-chiah 會「一句話、三斤六重」，變成誠歹聽，咱 chit-mái 閣將 hit-ê 廣告詞來講一遍，聽看覓，看會變較好聽 --無？」

「kók, kók, kók⋯」

「杯仔提兩 ê 來！」

「這是啥？」

「VTL phi--lah！你 m̄-bat 食過是 -- 無！bē-bái--ǒ, lim 看覓你就知！」

「⋯⋯」

「爸！你講 --ê 哪會無全款？較好聽 --neh！」

「著--à！kan-na[6]一種飲料ê品牌，m̄-bat 也m̄是啥物見笑代，講hō͘ 清楚就好，紹介hō͘ 人知就會使，哪著講kah hiah-nih艱苦，話氣hiah-nih硬，閣笑人sông，親像按呢「一句話、三斤六重」，有較歹聽，嘛較會得失人，講話輕聲細說誠要緊，che m̄是台灣話ê問題，是講話者講話口氣[7]ê關係。」

【註解】

1. sông：倯，無知識，無看過世面就是sông。
2. tòa chiah 久：[住這麼久]。
3. m̄-bat：[不認識]。
4. sio-chèⁿ：[爭辯]。
5. thó͘：直接無修飾。
6. kan-na：只是。
7. 口氣：kháu-khì。

071

靑盲--ê, m̄驚銃。

　　台灣俗語鹹酸甜寫到chit-kú 已經超過兩年，對Siau Lah-jih 來講，確實無簡單，無簡單--ê m̄是伊ê 內涵，嘛 m̄是伊ê 文筆，內涵、文筆，在來[1]伊就 m̄敢 kap 人比，若按呢，爲啥物伊敢一chhiám 一chhiám 寫落去，從來都 m̄-bat 推辭？che .講 khit 來是緣份，自投入去台文工課了後，一直攏有貴人 leh tàu 幫贊，kā 伊指導，kā 伊鼓勵，甚至 kā 伊背書，kā 伊出冊，chit 款親身體驗，眞心認同，m̄-chiah hō Siau Lah-jih 有勇氣「靑盲--ê, m̄驚銃」，一直衝，一直蹤落去，到kah chit-chūn，兩年外ê 時間，總--à 共--ā 嘛寫 beh 到較 lím-á[2] 六百篇，六百chhiám ê 鹹酸甜，大約有三 siap 萬[3]字，對一ê 從來 m̄-bat 寫過文章ê 烏枋杙仔[4]，而且閣 beh 寫台文作品，若 m̄ 是「靑盲--ê, m̄驚銃」ê 戇膽，大概無人會相信。

　　Hō Siau Lah-jih 會當 chiah 勇敢，「靑盲--ê, m̄驚銃」，一直寫無停ê 助力，第一ê 貴人[5]就阮師傅 Ba buraya 師呂興昌教授，tī 伊開設ê「台灣文學研究工作室」網站內底，thiau-kang 開一間 kám 仔店 khǹg[6] 俗語鹹酸甜，講鼓勵嘛好，講背書嘛好，總是 hō Siau Lah-jih 有發表ê 機會，煞愈寫愈濟。

　　第二ê 貴人是賴許柔文教基金會ê 董事長賴憲平先生，

無伊 ê 認同，無伊 ê 眼光，認爲 chit 款純正 ê 台灣貨，有伊 ê
保存價值，chiah 來 kā 伊出冊，hō 俗語鹹酸甜會當 hō 閣較濟
ê 鄉親來認 bat 關懷，「青盲--ê，m̄ 驚銃」ê 戇膽，煞一時得
著誠濟鄉親 ê o-ló 欽佩，有人 o-ló，有人欽佩，閣較顯示台文
chit 條路，應該著繼續落去做，搶救台灣文化，拾回[7]母語，
收集純正台語 Hō-ló 話，是第一重要 ê 工課。

【註解】

1. 在來：[向來]。
2. 較 lím-á：將近。
3. 三 siap 萬：三四十萬。
4. 烏枋杜仔：o͘-pang khit-á，教員。
5. 貴人：kùi-jîn，及時雨 ê 人物。
6. Khǹg：[存放]。
7. 拾回：khioh-hôe。

072

緊--ê 到飯坩[1]，慢--ê 到碗籃[2]。

三兄加我一紀年[3]，今年七十一歲，身體猶算康健。

舊年無小心去跋倒，腦筋小可礙著，一時暈暈倒倒去，緊急送病院，急救了後發現腦血管小可塞去，腦筋煞 phoa̍h-phoa̍h[4]，講著話戇神戇神若囡仔[5]，好佳哉幾工後就回復轉來。

有一工去病院看--伊，拄好 beh 食飯，飯包 tu hō͘ 伊，啥知三兄伊，兩喙做一喙 pe[6]，無一目 nih，一粒飯包 pe 到 chhun 半粒。

「三兄！食飯 m̄ 著寬寬仔食，慢慢仔食，無人會 kap 你相搶！」

「Hò͘！按呢--ò͘！」

三嫂講：「伊食飯就是 chit-ê 款式，大喙 pe，大喙 ó͘[7]，食一頓飯免五分鐘。」

原來是習慣，大概是作穡人粗食 ê 習慣，自古到 taⁿ，作穡人就 m̄-bat 好命過，食是粗飽，講著做工課，一定拚代先，為著做工課，食飽上要緊，根本都無閒 thang 細喙哺，慢慢仔吞，m̄-chiah 過去 ê 台灣人，見講食飯，m̄ 是用 pe--ê，就是用 ó͘--ê，食飯 m̄ 講，講用 kiat--ê，kiat 幾碗，hut 飽未？莫怪作田兄 bē 曉「緊--ê 到飯坩，慢--ê 到碗籃」ê 道理？

「緊--ê 到飯垱,慢--ê 到碗籃」,m̄是 leh keng-thé[8] 相爭食,是 leh 勸人慢慢仔食,細喙哺,勻勻仔吞,chiah 會好消化,急性 m̄是好習慣,早來慢到無差 kah hit 二三分鐘,人講緊事寬辦,有計劃ê拍拚,chiah 是本等。

三兄ê歹習慣,是 ùi 古早養成,作田人ê悲哀,m̄是伊貪食枵 sâi[9]。

【註解】

1. 飯垱:貯飯ê瓷仔垱。
2. 碗籃:貯碗ê竹籃。
3. 一紀年:十二年。
4. phoa̍h-phoa̍h:精神無正常。
5. 若囡仔:像囡仔。
6. pe:扒。
7. ó͘:挖。
8. keng-thé:諷刺。
9. 枵 sâi:[饞嘴]。

073

賣無趁濟[1]。

「阿貴嫂--à！生理 bē-bái--hoⁿh？」

「àh-soah 有[2]？賣無趁坐啦，你無 khoàⁿ[3]，規日 tī-chia 閒 lo-lo[4]，只好掠虱母相咬。」

「敢有影？恁做 chit 款生理上 ka-iàh[5]，猶閣 teh 講歹做，抑無啥款生理 chiah 會「賣濟趁徛」？」

「賣冰水上好趁啦！你無聽人講，「第一好趁是醫生，第二好趁就是賣冰」，水摻糖就有錢趁，你看對面盛仔叔公 in 囝 leh 賣冰，ùi 早起十點到 chit-kú 下晡二點外，一直 khat[6] bē 離，連坐一沓久[7]都無機會，he m̄-chiah 講做做生理，若 leh 趁水咧！」

「Mài 欣羨別人，恁賣 che 茶鵝肉，上蓋好賣，啥人 m̄ 知影，下晡時仔 hō 你小歇睏一下，你煞怨嘆講「賣無趁 chē」，hō 你坐 leh 歇喘，m̄-chiah 有 thang phò-tāu 閬議論，等一下公務人員、工場員工若下班，你就知，到時 hō 你 kap 盛仔叔公 in 囝全款，「賣濟趁徛」，hit 時你就會怨嘆「錢大百，人落肉」，生理 chiah-nih 好是 beh-nî。」

「蕭老師，無愛閣 kap 你答喙鼓，人客來--lò，我 beh 來無閒--ā，無閒做你，tú-chiah 是 leh kap 你滾笑。」

【註解】

1. 賣無趁濟：賣無趁坐，相關語。
2. áh-soah 有？：［哪兒有？］。
3. khoàⁿ：看見。
4. 閒lo-lo；［閒得發閒發荒］。
5. ka-iàh：指生理眞好。
6. khat：［用杓子搖盛］。
7. 一沓久：［一下子］，時間眞短。

074

深犁重耙，較贏放橫債[1]。

　　長 ló-ló[2] ê 暑假，日子過去誠清閒，早起散步運動，散步轉來食早頓看新聞，報紙看了拍電腦，拍了若倦就換來看冊。下晡眠晝眠到兩三點，看是 beh 唱歌抑是 chhōe 朋友 phò-tāu 攏總好，beh 暗仔 chiah 招牽手去球埕拍球流汗，食暗飽 chiah 來 gô 鹹酸甜[3]，早早去眠，嘛 thang 早早起床。

　　m̄-koh 最近 chit 幾日，天氣攏一直烏陰，連紲幾若日落雨 tap 滴，也 bē-tàng 運動，就無需要早起，慣勢成自然，自然就養成貧惰，逐日煞眠 kah 日頭照尻川，嘛煞 bē 赴散步，一時感覺閒 sian-sian，閒 kah giōng-beh[4] 生水[5]，老骨頭 giōng-beh 酥去，今仔日透早五點外夢中醒 khit 來，雄雄警覺 chhoah 一 tiô[6]，按呢無日頭無時間 ê 生活，beh 汰會使得無計無劃一直過？m̄-chiah beh[7] 六十歲 ê 年紀，哪 thang 按呢就想 beh 貧惰？

　　Bē 使 chit，喝起就 peh 起，mài 閣延遲，隨時起床，六點行出門，sèh[8] 到附近田園，人作穡兄已經 tī-hia tī-teh 拚。

　　「作穡兄哥，逐家 gâu 早！」

　　「Gâu 早！阮已經工課做 beh 規點鐘，哪像恁食頭路人 hiah 清閒，早起閣有 thang 散步四界看光景！」

「若食飯就想著恁，無恁ê拍拚，無恁「深犁重耙」，beh汰有chiah好ê生活thang過？快樂ê生活，beh感謝tiòh-ài⁹感謝恁chiahê作穡兄！」

「抑m̄是¹⁰爲著生活，認眞拍拚，踏踏實地，就是阮作田人ê根本。你講阮著「深犁重耙」，實在講了有準，做人著實在，認眞拍拚chiah是根本，「深犁重耙」，有影「較贏放橫債」。放橫債，阮是無hit-lō本頂，阮kan-na會曉犁田犁hō̄深，割耙tiòh-ài踏hō̄重¹¹，按呢iā秧種稻，chiah會有好收成，hit種放重利，夭壽錢，阮是bē曉ǹg，作田人，老老實實「深犁重耙」，chiah是阮ê趣味，天地疼戀人，阮m̄是全款一冬過一冬。」

【註解】

1. 橫債：放重利，得著橫財。
2. 長ló-ló：[漫長]。
3. gô鹹酸甜：絞腦汁寫俗語鹹酸甜。
4. giōng-beh：[快要]。
5. 生水：seⁿ-chúi，[人死了後就會變成一灘水]。
6. chhoah一tiô：[嚇一跳]。
7. m̄-chiah beh：[不過才將要]。
8. sèh：[繞]。
9. tiòh-ài：就要，（著愛？）。
10. 抑m̄是：[還不是]。
11. 割耙tiòh-ài踏hō̄重：[才能深耕]。

075

花，tióh 插頭前，m̄-thang 插後。

台灣省凍省引起眞大問題，有一位 tī 省政府上班 ê 朋友，伊就煩惱 kah bē 食 bē 睏 --chit，尾仔伊規氣辦退休，運氣猶算 bē-bái，拄好五十五歲，hō͘ 伊摠著[1]五十五歲退休會當加領四十外萬 ê 機會，chit 位朋友只是小小課長，用 chit 款保守消極 ê 退休，來閃避人生 ê 不如意。

另外有一位重量級 ê 大官虎，伊就無按呢想，伊算盤揹 tī 尻脊骿[2]，千算萬算，想講精省了後，若會當升官 m̄ 眞好，召去[3]別位上班嘛無要緊，上驚 --ê 就是降級換頭路，到時若無合我 ê 意，是 m̄ 是著早做準備，看破來去大學教冊嘛 bē-bái。主意掠定，計劃照行，隨時發落下跤手，taⁿ 恁趕緊去 kā 我買一 thô͘-lah-khuh ê[4] 盆景，買 hit-lō 一盆千外箍 ê 蝴蝶蘭，準備 beh 來送各大專院校 ê 首長。

in 某 kap 伊參詳講，哪著 chiah 緊張，人事命令都猶未接著，到時若著去教冊，chiah 來拜託嘛 bē 慢。

Che，你就 m̄-bat，「花，tióh 插頭前，m̄-thang 插後」ê 道理你敢知？開 --幾萬箍 à，先 kap 人拍一下仔招呼，見面三分情，雖然 m̄ 是親身到位，總是有禮較贏無禮，有必要 ê 時陣，chiah 閣送大禮，按呢 ê 排步，萬無一失，你就趕緊 tàu

發落。

「花，tiȯh 插頭前，m̄-thang 插後」，che 是社會學，工商界，生理人攏著知，做官人，若有想beh 升官，全款 ài 了解，若無，kan-na 一箍直直，戇頭戇頭，做你奉公守法，安分守己，較免tong-tong 想空想縫 kā 人 tìm 頭[5]。

【註解】

1. 摠著：chang--tiȯh，［逮到］。
2. 算盤揹 tī 尻脊骿：［精打細算］。
3. 召去：tiàu-khì，［調動到］。
4. thô-lah-khuh：較車。
5. tìm 頭：［低頭拜託］。

076

膨風水蛙[1]，thâi[2] 無肉。

　　有一隻水蛙仔囝，出門看見一隻大水牛，hō 伊驚一 tiô[3]，趕緊三步做兩步跳轉去 in 兜，一ê 面驚 kah 青恂恂[4]，伊ê 阿公問伊啥物代，哪會驚 kah[5] 按呢生？

　　「好驚人！有一隻怪物足大隻，oáiⁿ oáiⁿ 吼，腹肚閣足大 kâi…」

　　「敢有阿公ê 腹肚 chiah 大 kâi？」

　　「不止--ò！」

　　阿公想講我是一隻老水蛙kớ[6]，天跤下我上偉大，所以 m̄ 相信有人比伊閣較大，m̄-chiah suh 一下大氣，硬將 hit 粒腹 肚 tèⁿ hō 胖 sai-sai。

　　「乖孫--ê，有 chiah-nih 大--無？」「不止--ò！」「敢有 chiah 大？」「不止--ò！」

　　三 tèⁿ 四 tèⁿ[7]，pông～一下，老水蛙 kớ ê 腹肚煞破--去。 Che 是 m̄ siàu-hiauⁿh[8]，展風神。

　　· ·

　　阮庄裡過去有一ê 膨風仙，人攏叫伊 hau-siâu 貓仔[9]財，有一工眾人 tī 店仔頭 leh 話仙，伊 hau-siâu 貓仔財來到，隨時 拍斷人ê 鼓柄：

「ó！tú-chiah[10] tī 田裡 khioh 田螺，hō͘ 我 khioh[11] 一粒天霸王[12]--ê，有外大？恁ioh 看會著--無？」

「貓仔叔，有鳥梨仔糖[13] hiah 大粒--無！」

「ôa！差濟--nò͘！」「ah 無像乒乓球 hiah 大？」「Mài 閣ioh，規氣我比 hō͘ 恁看。」

hau-siâu 貓仔財，用雙手比一ê 像捀西瓜按呢：「像 chiah-nih 大啦！」

「hau-siâu 貓仔財，beh 膨風嘛膨風較有款式仔咧，騙痟--ê[14]，一粒田螺像碗公大，啥人 beh 信？」

「敢無影 chiah-nih 大！」

貓仔財閣用雙手比一下，chhun 一粒野球[15]大，m̄-kú 無人 chhap--伊[16]…。

「敢無影 chiah-nih 大！」

伊 hau-siâu 貓仔財家己一直比，尾仔 chhun 用一支手ê 三 cháiⁿ 指頭仔[17]比一ê 樣，差不多像柑仔糖按呢，家己無意無意：「騙痟--ê，敢無影 chiah-nih 大粒！」

Che 是白賊兼 hau-siâu，膨風慣勢，無罔講會 hō͘ 家己眞剾虧。

佛祖教人 m̄-thang 膨脹[18]家己，he 叫做貢高，貢高家己，膨脹慣勢，久了，就無人相信你，beh 戲弄別人膨脹家己眞簡單，親像 sńg 水蛙按呢，kā 掠來 sńg-sńg 搔搔咧，liâm-mi 伊就一ê 腹肚若水櫃，m̄ 知影ê 人叫是掠著一隻大隻水蛙，thâi 落去--到底，chiah 知原來是一隻「膨風水雞，thâi 無肉」。

膨風是無底蒂[19]，跤踏實地較要緊，beh 做總統ê 候選

人--à，會記得，「膨風水雞，thâi 無肉」，選民 ê 目睭是眞大
蕊，m̄-thang 每日 kan-na tòa 退 leh 盤喙花，實際建設獨立台
灣 ê 藍圖提出來予阮看，看啥人 beh chhōa 阮行出自由自主有
前途 ê 新向望。

【註解】

1. 水蛙：chúi-ke，（水雞？）。
2. thâi：宰殺。
3. 一 tiô：[一跳]。
4. 青恂恂：[臉色發青]。
5. 大 kâi：[大個]。
6. 水蛙 kớ：大隻水蛙。
7. tēⁿ：[用力撐]。
8. m̄ siàu-hiauⁿh：[不自量力]。
9. 貓仔：bâ-á，m̄ 是 niau-á。
10. tú-chiah：[剛才]。
11. khioh：[揀、拾]。
12. 天霸王：特大號。
13. 鳥梨仔糖：鳥梨仔搵糖，[糖葫蘆]。
14. 騙痟--ê：[騙誰]。
15. 野球：[棒球]。
16. 無人 chhap--伊：[沒人理他]。
17. 三 cháiⁿ 指頭仔：[三支指頭]。
18. 膨脹：phòng-tiòng，phòng-tiùⁿ。
19. 無底蒂：無信用，無根基。

077

心思無定, 抽籤算命。

　　最近 kap 一位張老師 leh 探討佛法 ê 道理, 伊煞對南傳佛教 ê 內觀法門有趣味, 內觀法門重視--ê 是禪觀親身體驗, 因為舊年 bat 去參加一擺十日禪修, 得著淡薄仔體驗, 所以一直鼓勵伊親身去參加--一擺。

　　原來這位張老師對命理神佛 ê 研究, 已經變一 liàn thàng[1], 結果猶是心茫茫, m̄ 知天機, chhōe bē 著人生 ê 意義究竟是啥物?

　　早當時伊 bat 信過童乩, 入迷閣趣味, 尾仔 hō 伊了解 he 是假, chiah 回心轉意, 可惜迷心原在, 換去研究命理學算命, 伊講命冊看去幾十本, 到 kah 此當今猶原 bē 了解人生 ê 真意義, 為何生, 為啥人活, 茫茫渺渺 m̄ 知 beh 如何?

　　今年來, 聽我紹介內觀法門坐禪 ê 經驗以後, 伊就開始去 chhōe 南傳佛教 ê 佛書來看, 看了若像有所悟, 雄雄去覺醒著「心思無定, 抽籤算命」ê 道理, 攏是家己無定性, 傷過重視名聲 kap 財利, 自信家己聰明巧氣, 任何代誌攏 beh kap 人比, 智力有夠, 可惜欠慧, 苦因就是 ùi-chia 起。

　　無 m̄ 著, 天下間 ê 人, 巧--ê 較濟戇--ê, 可是有智慧 ê 眾生有幾 ê? 酒色財氣人人 beh-tih[2], 追求過分, 往往失去了分

寸，欠缺³平衡ê心，苦惱自然一點一滴慢慢仔添，有一工，叫苦連天chiah知過去ê bóng-tóng⁴。

　　Beh 治「心思無定，抽籤算命」ê 心理障礙，上好就是培養平等心，啥物是平等心？平等ê 心就是平衡ê 心；平等心就是bē 貪求、bē 瞋恨（chin-hūn）ê 心。講較明白--leh，就是講有無爽快ê感受，bē 期待較緊消失離開；有爽快ê 感受，bē 期待繼續保留，che 就是平等心。

　　講--ê 較緊，做--ê 較難，明知oh 修，嘛是向望kap 逐家相佮鼓勵來修持，修持平等心。

【註解】

1. 變一liàn thàng：變眞濟齣頭。
2. beh-tih：beh，[要]。
3. 欠缺：khiàm-khoeh。
4. bóng-tóng：[懵懂無知]障礙。

078

江湖一點訣，妻子不可說[1]。

教恁變一ê魔術，既然是魔術，當然是假--ê，m̄-koh假囥假，觀眾卻是掠無總頭[2]，趣味就是趣味tī-chia，江湖術士騙食騙lim，賺食過日，所依賴--ê就kap變魔術仝一款，自然無隨便傳教--人，「江湖一點訣，妻子不可說」，道理tī-chia，若是公開伊ê祕密，以後就免閣賺食--lò͘，其實任何魔術若講破，就m̄值三ê錢，閒話[3]mài-thī，趕緊來看教恁啥麼趣味。

按怎變，請斟酌看，看下面ê說明：

各位先生各位女士，小弟手中一kâi十箍ê銀角仔，beh變魔術進前，先來講一ê科學知識，咱逐家攏知，物件若摩擦[4]，一定會發熱產生電流，我雙手提chit-ê銀角仔，tiàm大腿摩擦幾秒鐘了後，照理講，應該就會有淡薄仔燒，產生淡薄仔電流，chit-ê時陣，我就會當kā chit-kâi銀角仔seh入[5]去倒手ê手肚[6]內。（你ài沿路講，沿路比[7]，做示範hō͘人看，當然che是無可能ê代誌，觀眾自然m̄信。）

看hō͘好勢，我閣再比一下順序hō͘恁看詳細：銀角仔提tī雙手，tiàm大腿磨十秒鐘，然後正手提銀角仔seh入去倒手ê手肚內，按呢看清楚--hoⁿ！

來！taⁿ 來開始：雙手 tiàm 大腿磨十秒鐘，一、二、三、四、五、六、七、八、九、十，然後正手提銀角仔 seh 入去倒手 ê 手肚內，ôa！煞落氣，seh bē 入去，大概磨了無夠 jiàt，電力無夠 ê 款，來！閣一擺！（che 是刁故意，分散人 ê 注意力。）

雙手 tiàm 大腿磨十五秒鐘，tú-chiah 可能無夠燒，chit 擺加五秒看覓，一、二、三、四……十三、十四、十五，來！入去！（正手 ê 銀角仔 seh 入倒手 ê 手肚內。）銀角仔 seh 入去啦！（順紲 [8] 雙手拌拌拍拍 [9] 咧，表示銀角仔無 tī 手中。）

「江湖一點訣，妻子不可說」，本來變魔術是無 leh 教人步數，因為頭起先有講 beh 教恁變一 ê 魔術，所以 chhân-chhân [10] kā 公開，beh 了解銀角仔走去佗位，請看明仔載 ê 鹹酸甜。

【註解】

1. 妻子不可說：chhe-chú put-khó soat。
2. 總頭：cháng-thâu，[頭緒]。
3. 閒話 mài-thī：[閒話少說]。
4. 摩擦：mô-chhat。
5. seh 入：塞入。
6. 手肚：chhiú-tó，[手腕有肉處]。
7. 沿路講，沿路比：[邊說邊比]。
8. 順紲：sūn-sòa，順便。
9. 拌拌拍拍：pōaⁿ-pōaⁿ phah-phah。
10. chhân-chhân：規氣，[索性]。

079

上山也一日，落田嘛一日。

（上山也一日，落海嘛一日。）

　　今仔日八月二十日，輪著 Siau Lah-jih hit 班學生清掃校庭，範圍眞闊，欲用 chiaⁿ 點鐘久 ê 時間摒掃，是無可能掃會周至--ê，只好選擇重點來掃，學校門口入來到中廊 chit 條路是學校 ê 繡面，無掃 hō 清氣 bē 使 chit，派幾 ê 較頂眞 ê 查某囡仔去做，保證 bē o͘-ló-bók-chē[1]；東爿面有鳥仔園 kap 糞埽堆 ài 清，工課較粗重，發落 hō 較有責任 ê 查埔囡仔去做；chhun--ê 分配無著--ê，叫 in 兩人提一 kâi 塑膠袋仔，四界去 khioh 字紙、各種飲料食物 ê 包裝 kheh 仔[2]、罐仔、矸仔…分配好勢，一聲開始，閣也鬧熱滾滾，認眞閣拍拚。

　　經過二十分鐘，巡視看做了如何，學校門 chit 條路，雖然垃圾眞濟，逐家閣攏做 kah 好勢好勢，kā hiah-ê 查某囡仔 o-ló 鼓勵了後，換去查看查埔囡仔掃 ê 糞埽堆，一看才知，ôa！piàng-à[3]！逐家做 kah 汗流糝滴[4]，猶是做 bē 離，看破，老身--ê 無來 tàu 跤手 bē 使 chit，「上山也一日，落田嘛一日」，既然來陪學生仔掃塗跤，徛 tiàm 遐 kan-na 喝東喝西，m̄ tín 動，嘛 m̄ 是做老師 ê 起工，雖然 Siau Lah-jih 並 m̄ 是誠 kut-la̍t ê 跤數，到遮來，無做 hō 學生囡仔示範嘛 bē 使 chit，敢 m̄ 是--

leh？「上山也一日，落海嘛一日」，罔做仔罔做，老骨頭嘛較bē酥去。

前一篇鹹酸甜「江湖一點訣，妻子不可說」，魔術ê訣頭tī-chia:

當尾仔hit擺摩擦後，銀角仔已經是提tī倒手，為著beh hō͘正手seh銀角仔，倒手當然是向肩胛頭拗曲，chit時倒手ê銀角仔順勢嘛貼tiàm後面頷頸ê頷仔領內，chit-ê姿勢是真自然，無人會懷疑，衫領上好是較大ê較bē chhut-chhê，朋友！若變有成功，請通知一下，免紅包--ê。

【註解】

1. o͘-ló-bo̍k-chè：chhìn-chhìn chhái-chhái，隨便。
2. kheh仔：盒仔。
3. ôa！piàng--à！：[哇，糟糕了]。
4. 汗流糝滴：[渾身是汗]。

080
中寮番薯粉，khiū-khiū¹。

「頭家，頭家娘！蚵仔煎來--三ê²！」

「老師！chiah 暗 chiah 轉來，又閣去彰化--hioh！有影拍拚to-tioh。」

「哪有？講拍拚就算恁翁某排第一，日連暝，做到chit-chūn beh 十二點--à 猶 leh chhiâng-chhiâng 滾；著啦！頭家，請教一項代誌！」

「Mài 客氣，啥物代？」

「奇怪？恁ê 蚵仔煎哪會特別好食？看恁嘛是 kap 人全款撒³幾 mī⁴ 蚵仔，敲一粒卵，參粉參青菜落去煎，敢有啥物撇步，無，哪會比別位--ê 特別khiū？」

「粉！粉ê 關係！」

「敢 m̄ 是用番薯粉？」

「番薯粉無 m̄ 著！阮用--ê 粉比較較貴一屑仔，是南投中寮ê 番薯粉，人講「中寮番薯粉，khiū-khiū」，he m̄ 是講假--ê lioh！」

原來就是按呢--ò，莫怪食著恁ê 蚵仔煎，攏感覺特別Q，口感特別讚，以後人若問起田中阿源ê 蚵仔煎按怎，一定 kā 恁 tàu 宣傳講「中寮番薯粉，khiū-khiū」，穩 tàng 讚--ê。

【註解】

1. khiū-khiū：寫 QQ，逐家會了解，
   m̄-kú 聲調 m̄ 著。

2. 來--三 ē：[來三份]。

3. 撒：soah。

4. 幾 mī：[幾枚]。

081

食人一斤，也著還人四兩。

　　三十年前 tī 空軍機場內做少爺兵，早起八點上班，下晡整理病院內藥房 ê 內務，chhun--ê 大部分時間攏是英英美代子，hō-lí-hō-sō，無代誌做，暝--時 m̄ 是看電視（hit-chūn 日--時無節目），就是 lòng 球相碰做第三戀（人），消磨時間，十一點 beh 睏進前，一寡充員兵仔，就相招去食點心，上時行去 hit-ê 老士官長開 ê 麵擔仔食豬跤麵。

　　斯當時做一 ê 下士仔薪水三百幾箍，豬跤麵一碗五箍，若逐暝食，kan-na 點心錢就去了一半 ê 薪水，散鄉人子弟，實在 bē 堪得，所以朋友若招，m̄ 是講 bē 栟，就是推講猶有工課 ài 做，三五工--à chiah 敢 kap 人鬥陣去 iau-sâi[1]--一擺。

　　hit-chūn 有一 ê 預備醫官上了解我 ê 輕重，就硬招 kap 伊做伴行，結局每擺攏是伊去納帳（siàu），納帳了後驚咱歹勢，閣按呢 kā 咱話一支柄：平平是做兵，阮就領比你較濟，實在是無道理，咱是好朋友，好空--ê 逐家享受嘛無 kah-tah[2]，做你免 sè-jī！

　　講是按呢講，hông（hō 人）請了 chit-ē 久，心內猶是感覺 gāi-giòh gāi-giòh，俗語按呢講：「食人一斤，也著還人四兩」，雖然講買賣算分，相請無論，三不五時嘛著 chhōe 機會

回請--一半擺à，人是感情ê動物，人對咱好，咱ài知影回報，多少無要緊，知人人情，表明一sut仔心意，「食人一斤，也著還人四兩」，che嘛是做人ê道理。

【註解】

1. iau-sâi：［解饞］。

2. 嘛無kah-tah：［也沒有關係，沒

啥麼可計較的］。

082

紅柿 好食，對 toh[1] 起蒂。

「紅柿若出頭，羅漢跤仔就目屎流」，白露 taⁿ-á 過，秋分 liâm-mi 到，好食 ê 王梨、龍眼已經過時，紲落來符合節氣 ê 果子，應該是柚仔 kap 紅柿，柚仔產期較久，嘛較會囥得[2]，新營 ê 白柚，麻豆 ê 文旦攏有好名聲，其實柚仔挽落來，若 mài 隨食，kā 囥--chiaⁿ 十工 à，m̄ 管佗位出產--ê，攏 bē-bái。紅柿就無柚仔 hiah-nih 好款待，tī 市場買轉來了後，大概囥二三工猶無要緊，囥傷久可能會爛去，所以著趁鮮食，m̄-koh 若是無夠軟，pháiⁿ lì 皮，嘛是食無額，上好食、khiū 閣軟 ê 膩瓤 就食 bē 著。

「紅柿好食，對 toh 起蒂」？你敢知！

前幾工，有朋友來厝裡坐，牽手捀一盤紅柿仔做 tām-sám[3]，紅柿仔色水[4] chiâⁿ-súi，紅 kòng-kòng，提 khit 來 tìm 頭 tìm 頭[5]，不止仔好食 ê 款。朋友 sa khit 來[6]就擘做兩月，食無三四喙，隨時閣 sa 一粒，沿路食沿路 o-ló 好食。

「好食？老陳--ê，照看「紅柿好食，對 toh 起蒂」，你 oān-nā m̄-bat ê[7] 款？按呢食紅柿，哪食有額，莫怪你食著 hiah-nih 緊？」

「抑無 beh 按怎食，chiah 會食有額[8]？」

「紅矸仔 khàm 烏蓋，借你 摸[9]，m̄-thang kâ kòng 破」，千萬 m̄-thang ùi 烏蓋 hit ㄎ蒂頭擘開，tiȯh-ài ùi 尾溜 chit ㄎ匀匀仔 lì 膜[10]，m̄ 是擘--ō，hit-têng 皮是薄 lî-si，若 m̄ 是紅柿已經有夠熟，實在 chiaⁿ 歹 lì，m̄-koh 一旦 chit-têng 澀澀 ê 薄膜 hō 你 lì 清氣，你 kā 食看覓，m̄ 但甜，閣會 khiū[11]，hit 種滋味，你閣試食一粒就會知。

「敢按呢？好，閣食--一粒，照你 ê 方法，「紅柿好食，對 toh 起蒂」？ùi 尾起蒂試看覓！」

「按怎？有影--無？」

有影 to-tiȯh，「紅柿好食，對 toh 起蒂」？ùi 尾起蒂 chiah 著！

做人著感恩，有今仔日 ê 成果，攏是爸母栽培，朋友弟兄 tàu 牽成，若無社會眾人協力 相 kēng，孤人奮鬥是無可能，如何感恩？著像食紅柿擘皮 lì 膜按呢，詳細斟酌，ùi 近--ê chhiû 到遠[12]--ê，朋友 ê 一句好話，序大頂司 sak 一下 ê 助力，甚至厝邊隔壁一箍 五角 ê 鬥相共，攏著知人恩情，m̄-thang kan-na 會曉報答看會著 ê 恩人貴人 niâ，總講一句，用感恩 ê 心來做人就著，可惜，今日 ê 社會，bat 道理，知人情 ê 人，就 kap bat「紅柿好食，對 toh 起蒂」道理 ê 人全款，無偌濟？

朋友！你食紅柿是 ùi-toh 起蒂？bat 問過一二十人，會曉 ùi 尾 lì 膜--ê，無偌濟人。

【註解】

1. 對 toh：對佗位, [從那裡]。
2. 會园得：[可以存放久一點]。
3. 做 tām-sám：[當零嘴]。
4. 色水 chiâⁿ-súi：[色澤美麗]。
5. tìm 頭 tìm 頭：[份量重, 水分多的樣子]。
6. sa khit 來：(chhìn-chhái) 提 khit 來。
7. oān-nā 嘛 m̄-bat：[也是不懂]。
8. 食有額：[能吃的都能吃盡, 不浪費]。
9. lì 膜：[撕開薄膜]。
10. 「紅矸仔 khàm 烏蓋, 借你 摸, m̄-thang kâ kòng 破」：謎面一。
11. khiū：Q。
12. chhiû 到遠--ê：[追根究底到遠處]。

083
bat 禮，就無囝婿 thang 做。

Teh 定[1] 筵席：

益仔兄 in châu-á-kiáⁿ 今仔日做--人[2]，tī 餐廳辦六塊桌請家己叔孫兄弟，特別叫我著 kah 囝婿坐仝桌，thèng-á[3] kap 親家親姆囝婿開講 phò-tāu。

第一巡菜上桌了後，就先向未來 ê 新人敬酒，然後恭喜親家親姆得著好新婦，thèng-hāu 新親家親姆回敬了後，聽親家開喙教新囝婿著 kā 丈人丈姆敬酒，chit 時新囝婿手捀酒杯隨時徛起，面向益仔兄益仔嫂兩人：「阿伯、阿姆，我敬--恁！」

「阿伯、阿姆？阿登--à，m̄ 是按呢稱呼，ài 叫爸爸、媽媽 chiah 著，訂婚禮已經行過，chit-má 是囝婿--à neh？」媒人按呢 kā 新囝婿教示[4]。

「爸爸、媽媽，我敬--恁！」囝婿面仔紅紅。

「taⁿ 免歹勢，嘛 m̄ 免會失禮，俗語有一句話按呢講：「bat 禮，就無囝婿 thang 做。」想早前，蕭老師做囝婿 ê 時，嘛是 kap 你仝款，làu-khùi 步[5] 盡展，這也 m̄-bat，he 嘛 bē 曉，攏著媒人婆--ā 纏前 tòe 後[6]，耳空邊一直交待，細聲話一直點 tuh[7]，到時猶 m̄ 是 têng-têng tâⁿ-tâⁿ，錯誤百出，好佳哉是好親

chiâⁿ, bē kau-piⁿ[8], 講講笑笑咧, 有禮無禮準煞, 因為逐家
真知, 台灣 ê 禮俗, 實在有夠 oh-bat[9]。」

　　「蕭老師, 你講台灣禮俗 oh-bat, 實在有影, bat bē 了,
一所在一個例規, 一地頭 一個 風俗, 親像訂婚請人客, 台
北例 kap 咱Chhân-tiong-ng[10] 就無全款, 台北人, 查某团訂婚
請人客有收紅包, 結婚 hit 工就無閣請, 而且閣有一個 khiat-
chiat[11], 筵席若結束, 查埔--ê hit 爿 ê 親chiâⁿ beh 離開, bē 使
chit 相辭講『再見』, 著恬恬離開。咱遮就無 chit 款例, 親像
益仔兄 按呢, kan-na安排請親家親姆 kap 家己親堂叔孫, 其
他 ê 親chiâⁿ 朋友, chiah 等候結婚頭轉客[12]時請, 雖然有較
費氣淡薄--a, 總是較慣勢, beh 講講 bē 了。來來來！敬兩
位少年人 beh 建立新家庭, 嘛 kā 親家親姆、益仔兄、益仔嫂
tàu 歡喜, 恭喜！」

　　「例規傷複雜嘛是一項負擔, ah 攏無嘛 bē 使 chit, 無形
式就無重視, 形式傷濟又閣傷 lô-thi[13], 淨化上要緊, 無必
要、無合時勢、傷過迷信、輕視女人--ê, 上好是改改--掉,
簡單、正式、合禮儀、有意義就好, 變通在人, mài 傷無合理,
雙方家長攏會通過就可以。m̄-koh 有一項 beh 閣麻煩新郎,
閣 kā 丈人丈姆敬--一擺, 著叫阿爸、阿i chiah̍ 會使 chit, mài
叫 he 爸爸、媽媽, 聽了較 bē 慣勢。」

　　「阿爸、阿i, 敬恁身體健康, 生活如意, 歡喜過日！」
　　「逐家來！逐家攏來, 阮敬恁逐家！」益仔兄、益仔嫂
歡喜kah 喙仔裂獅獅。
　　「bat 禮, 就無团婿 thang 做。」若 beh 遵守古例, siàu 想

beh 娶第二个 giàn 頭，伊敢敢保證一定 bat 禮？（若 bat 禮，就 bē 想 beh 娶細姨，敢 m̄ 是！）

【註解】

1. Teh 定：做--人。訂婚。
2. 做--人：[許配給人家了]。
3. thèng-á：可以。
4. 教示：教兼示範 ê 教育。
5. làu-khùi 步：[漏氣出醜的事]。
6. 纏前 tòe 後：[觀前顧後]。
7. 點 tuh：指點。
8. kau-piⁿ：[挑剔]。
9. oh-bat：[難懂]。
10. Chhân-tiong-ng：田中。
11. khiat-chiat：迷信。
12. 頭轉客：新娘頭擺轉厝 [回娘家]。
13. lô-thi：囉哩囉嗦 [不乾脆]。

084

Hit-lō 蛇，生 hit-lō 卵，
hit-lō 囝，生 bē 斷。
（gîm-chîⁿ 水，滴原位。）

苦雞母 ê 故事：故事來源（周鎮著：台灣鄉土鳥誌）

　　khó·-ke-bó（苦雞母）就是白腹秧雞（White-breasted Waterhen.），tī 生湠期間，暝也吼，日也吼，一直吼 bē 煞，一直吼「khó·--à！khó·--à！」m̄-chiah hō· 庄跤人號做「苦雞母」。Tī 台灣是 chiâⁿ 普遍 ê 留鳥，覕 tiàm 水田、lòm 地、溪岸邊有蘆竹、雜草 ê 內面，罕得飛，嘛飛 bē 懸。

　　另外嘛有人 kā 叫做「白面仔」，「紅 kha-chhng 仔」，是因為伊 ê 尾脽毛紅紅。

故事本文：

　　古早一个作田人，有兩 ê 囝，大漢--ê 是前某生--ê，細漢--ê 是後 siū（受）生--ê。後母苦毒前人囝是古早人 ê 歹風俗，chit-ê 做人後母 ê 人，自然無 an 好心，想空想縫 beh 害 chit-ê 前人囝。

　　伊命令兩 ê 囝各人 chah¹ 青皮仔豆² ê 種子，去後山荒

郊野外 tiām [種植]，吩咐若無生豆仔 thang 收成，bē 使轉來，伊偷偷仔將 sàh 過³ ê 種子交 hō 大囝，將有性命力 ê 好種子交 hō 家己 ê 親生囝，兩兄弟仔聽著阿母 ê 交待，m̄ 敢延chhiân，就出發行向後山 beh 種豆仔。

　　阿兄是有孝閣古意，老母 ê 旨意 m̄ 敢違逆，種子 kōaⁿ--leh，那行那想 beh 按怎種作，chiah-bē hō 阿母失望；小弟就無全款，人講「hit-lō 蛇，生 hit-lō 卵，hit-lō 囝，生 bē 斷」，有影歹種 tō 是歹種，伊沿路行沿路 sńg 無停，m̄ 是 beh 掠鳥仔，就是 beh kā 阿兄創治，無張持看著阿兄 ê 種子大粒閣飽 tīⁿ⁴，想講阿母哪會大細心，疼大兄無疼我小弟？ẽ！按呢 m̄ 著，在來阿母 tiòh 疼我無疼阿兄，ah，大概阿母無小心 kiat m̄ 著去⁵，煞將大粒--ê hō 阿兄，細粒--ê 交 hō 我，這 beh 汰會使chit，tō 趕緊利用歇睏 ê 時陣，kā 阿兄 ê 種子偷換倒轉來。

　　時間過了也不止仔緊 tō-tiòh，春去秋來，收成 ê 節氣到--à，阿兄肩頭擔一大擔 ê 青皮仔豆轉來，猶閣剩一大堆beh hō 小弟 tàu 相添，m̄-koh 小弟種 ê 種子攏 bē puh 芽⁶，一屑仔收成嘛無，煞 m̄ 敢轉來，chit-ê 後母總是知影：「gîm-chîⁿ⁷ 水，滴原位。」家己造惡家己受，m̄ 敢 講出因由，雖然大漢--ê hit-ê 前人囝非常有孝閣 kā 安慰，免煩惱，小弟一定會倒轉來，m̄-koh 母囝連心，親生囝是老母 ê 一塊肉，bē堪得暝日思想，一直等無伊 ê 囝轉來，因為過度悲傷，惹出重病，煞來一命烏呼哀哉，死了化做一隻苦雞母，暝也吼，日也吼，一直吼 bē 煞，一直 吼「khó--à！khó--à！」teh 思念伊 ê 親生囝。

【註解】

1. chah：[攜帶]。
2. 青皮仔豆：大豆。
3. sảh 過：煮過。
4. 飽 tīⁿ：飽滿。
5. kiat m̄ 著去：[弄錯了]。
6. puh 芽：發芽。
7. gîm-chîⁿ：[屋簷]。

085

飽, 甜粿 tō 無 khá[1]。

台文工作者 VS 漢學仙仔：

耽讀翫市 Tam thȯk goán chhī, 寓目囊箱 gū bȯk lông siong, 易輶攸畏 ėk iû iû ùi, 屬耳垣牆 chiok jín hoân chhông, 具膳餐飯 Kū siān chhan hoān, 適口充腸 sek khó chhiong tiông, 飽枵烹宰 Páu ù pheng cháin, 飢厭糟糠 ki iàm cho khong …

「大歲仔[2]！按呢唸著--無？」

按呢正確，不過 chit 句 "飽枵烹宰, 飢厭糟糠", 嘛有人寫做 "飽厭烹宰, 飢枵糟糠", 其實意思全款, 咱台灣話有一句「飽, 甜粿 tō 無 khá, 」就是 chit-ê 意思。

「飽, 甜粿 tō 無 khá。」有影 to-tiȯh, 腹肚若飽, 啥物山珍海味, 有啥物稀奇, 不過腹肚若 tng-leh 枵[3] ê 時, 啥物嘛好食, 啥物嘛好滋味。世間人, kan-na 為著三頓食, m̄ 知用去 偌濟時間精神, gâu 揀乖[4] ê 翁婿, 愛食 che m̄ 食 he ê 囝兒, 實在有影磨死 hit-ê 灶跤師傅, 揀食、gâu 嫌 ê 查埔人啊, 你著想看覓, 按呢敢 bē hō 恁牽手、阿母傷過 thiám[5], 傷過操勞, 逐日做 kah 一隻若牛, 人就較好款待咧, 食 hō 營養, 食 hō 衛生, 對食, 實在無必要傷過重視。

蕭老師，按呢講閣 chiâⁿ 有道理，你 m̄ 較緊 kā 記錄起來，你用 chit 步漢字 lām 羅馬字 ê 方法，實在 chiâⁿ 有道理，我 m̄-chiah 會想 beh kap 你學羅馬字。

攏是大歲仔 m̄ 甘嫌，本成你 ê 字腹就已經 bē-bái，漢文底--ê，啥物十五音仔、勾破、切音、四書五經 bat 到有 chhun[6]，哪著閣 kap 細--ê[7] 研究啥物？

無--nò！漢文有漢文 ê 路用，白話文有白話文 ê 路用，看古文，吟唐詩，作詩句，tiȯh-ài 靠漢文 ê 飽學，chiah 有才調吟讀寫作，像我 chit 種漢學底--ê，過去 tī 庄跤有影真受人尊重，稱呼做漢學先--ê，就是阮 beh 吟、beh 讀、beh 寫、beh 作，攏有--二步七à，chit-má 時代無全--à，大部分 ê 少年家攏是喙講北京語，手寫中國文，啥物台語、Hō-ló 話、漢文，in 攏無趣味，嘛 m̄-bat，上蓋會 o-ló 得--ê，大概是愛唱台語歌，講一寡仔不答不七 ê 台灣話，就 hō 咱遮 ê 老歲仔歡喜 kah giōng-beh[8] làu-ē-hoâi[9]（落下頦）；歇熱 hit-chām[10]，聽蕭老師你紹介羅馬字了後，chiah 閣來看你寫 ê「台灣俗語鹹酸甜」，chiah 發覺羅馬字 ê 好用，漢文有漢文 ê 功能，白話文有白話文 ê 好處，親像咱 chit-mái leh 開講 ê 台灣話，若 beh 叫我 kā 記錄起來，我就無 hit-lō 才調[11]，蕭老師你竟然有法度寫 kah 若咱 leh 講話 phò-tāu 按呢，hiah-nih 心適，hiah-nih tàu-tah[12]，將咱 ê 台語 Hō-ló 話表達到 hiah-nih 仔 súi。看輕台語 ê 人，時常都講，講台語無水準，見講都是粗魯話、垃圾話，可惜 in 看無，若是看有「台灣俗語鹹酸甜」ê 內容，相信 hiah-ê 人一定會改變 in-ê 看法。

大歲仔！猶是恁漢文底 ê 人較飽學，親像我，chiâⁿ 濟人時常問我一寡漢字，若無字典 thang péng[13]，十擺定著有三四擺 hō 人問倒--去，感覺 chiâⁿ 歹勢，所以 m̄-chiah 著麻煩大歲仔 kā 細--ê tàu 跤手，幫贊我整理 chit-ê 千字文，1000 字 ê 漢字攏 beh 標漢文音，實在有夠食力，好佳哉有你做顧問，若無，m̄知著 péng 偌濟字典，了去偌濟時間，大歲仔！感謝--你，ló-làt！

哪著 chiah 客氣，你若無嫌我食老會老番癲就好，我學你 ê 白話字、羅馬字，你 kap 我 相佮研究漢字，講好聽話，你欣賞我，我欣羨你，總是為著咱台灣人 ê 文化，m̄甘去 hō 斷去--niā-niā。

實在 hō 人感心 ê o͘-jih-sáng[14]，使人敬佩 ê 長者，伊姓周，台北市周議員 ê 序大。

【註解】

1. 無 khá：無奇巧，［不稀奇］。
2. 大歲仔：老大哥［老兄］。
3. tng-leh 枵：［正在餓肚子］。
4. gâu 揀乖：［會挑剔］灶跤：廚房。
5. thiám：疲勞。
6. bat 到有 chhun：［懂得過多］。
7. 細--ê：小弟。
8. giōng-beh：［快要］。
9. làu-ē-hoâi：［下巴脫臼］。
10. hit-chām：［那陣子］。
11. 才調：能力。
12. tàu-tah：［貼切］。
13. thang péng：［可以翻查］。14. o͘-jih-sáng：日本話，阿叔阿伯。

086

茉，快食；沂，oh修。

全款 ê 心情，來到全款 ê 所在，tīng 著全款 ê 月光暝，hō͘ 我閣一擺經驗著寂靜[1]、無憂愁、無歡喜 ê 記持，朋友！你 m̄-thang 叫是 Siau Lah-jih 是 leh 老番癲，重再回想 少年時 ê 戀愛日子，實在是 Siau Lah-jih m̄ 驚死，又閣來到新社鄉 ê 內觀中心，beh 閣再一擺體驗內觀禪修 ê 眞理。雖然經過了九二一大地動 ê 無奈，田中到新社，一路是車籠埔斷層 ê 天地做代 ê 責備，經過三個月 ê『人定勝天』ê 拍拚，chhun 落來--ê 是已經拍平過 ê 痕跡，應該講，chiâⁿ 幸運，chit 擺 ê 天災地變無 hō͘ 內觀中心變樣，chiah 有 thang hō͘ Siau Lah-jih 閣一擺來坐禪。

chit 遍 kan-na 有三工 niâ，是 thiau-kang 爲 beh hō͘ bat 參加 10 日禪修 ê 舊生舉辦--ê，舊年來參加 ê 時間是過年前 ê hit-ê 月光暝，chit 擺是早一個月，共款嘛是月光暝，tī 曠野 ê 臺地，tīng 著--ê 天氣全款 hiah-nih 生冷，十六、十七 ê 月全款 hiah-nih 光，暝時閣有落霜，實在是足讚 ê 一 ê 經驗，mài 講爲著修行[2]，kan-na 來遮 tòa-- 一暗 à 就一生難忘。

內觀禪修強調--ê 是二千五百年前佛陀修行 ê 教法，也就是原始佛教 ê 眞義，禪修房內，無佛像、無咒語[3]，嘛

無念經，kan-na有蒲團[4]，kap恬chih-chih ê環境，唯一要求，tī chit三工內，必須著皈依[5]佛陀、皈依正法、皈依傳教正法ê師傅，別物ê信仰著暫時放一邊，一定著聽葛印卡（S.N.GOENKA）老師ê教示，因爲是舊生，所以ài守八戒：bē使chit殺生食臊、bē使chit偷thèh搶劫、bē使chit有無正當ê性關係、m̄-thang烏白講話、bē使chit lim酒、bē使chit化妝sńg笑娛樂、bē使chit睏膨床、過午m̄食。其實chit八戒kap舊年10日禪修守五戒差無偌濟，比較起來，kan-na精差tī無食暗頓niā-niā，遮ê戒律，舊年都無感覺bē適應，一sut仔嘛無chùn-būn著[6]，所以一日食兩頓，對Siau Lah-jih來講，並m̄是啥物困難事。『既來之，chiah安之』，本成就是家己歡喜甘願，嘛得著某囝諒解同意，beh過「素食、受戒、恬靜、若啞口…」ê三日，m̄是不得已，是thiau-kang故意。

佛法ê道理tī戒、定、慧，守五戒，守八戒，暫時得（tek）--ê是無啥物，m̄-koh進入禪定ê修持，kan-na觀呼吸喘氣ê注神就無簡單，師傅要求專注ê心愈久愈好，一分鐘、兩分鐘、五分鐘、十分鐘…，結果，Siau Lah-jih單單一分鐘久就做bē到，mài講三分鐘五分鐘，m̄知影是按怎？kan-na家己ê呼吸，家己就bē-tàng作主，三日內m̄知影有幾擺，掠定決心想beh全部氣力注神tī鼻空喉仔ê喘氣，結果實在chiâⁿ厭氣[7]，無一擺成功，無一分鐘久，頭殼ê記持就轉對別位去，實在有影奇？

無修m̄知奇，修了chiah知道理，「菜，快食，行，oh修。」確實是眞理，食菜不過是素食，beh堅持素食ê人當然有伊

ê 慈悲，m̄-koh 食菜素食，只是外在 ê 道德修持，猶是 bē-tàng
斷了貪、瞋、痴[8]，kan-na 守戒，道德倫理 ê 遵行，若無禪定
kap 智慧 ê 修持，beh 斷苦、斷煩惱？路途猶閣真遠--leh！

「菜，快食；行，oh 修。」實在無 m̄ 著，看眾生 kap 看自
己，一日所做，一時所為，攏脫離 bē 開酒、色、財、氣，
攏斷 bē 盡名、色、財、利。

【註解】

1. 寂靜：che̍k-chēng，m̄ 是（siok-
   chēng）。
2. 行：hēng，修行。
3. 咒語：chiù-gí。
4. 蒲團：phô-thoân。
5. 皈依：kui-I。
6. 無 chùn-būn 著：無礙著，無要
   緊，無影響。[受得了]。
7. chiâⁿ 厭氣：[真丟臉]。
8. 貪、瞋、痴：tham、chin、chhi。

087

siáu 貪戴雞籠[1]。

Phiàn-chhú（騙取、騙鼠）：

　　二三十年前ê台灣，經濟已經開始起飛，一般ê生活比早前有較好過日，不過一寡仔較 高貴享受ê食物kap 身穿[2]、化妝品、電氣用品…，猶閣是貴參參，攏是外國貨較讚，家己國內ê產品雖然俗閣濟，m̄-koh 品質猶是tòe bē著[3]日本、港貨，想beh 買 chē 走水仔貨[4]，若無內行，beh toeh 買？beh toeh 提？攏是問題了了。

　　斯當時 tú-tī 一間庄跤學校教冊，有一工早起時第二節下課，來到辦公室歇睏，想 beh ha 一杯仔[5]茶止渴，雄雄發現三ê穿空軍做工仔衫[6]ê人，揹一大包ê物件入來辦公室，物件囥落辦公桌頂了後，突然間，其中 hit 个 koân-chhiâng 大漢[7]ê人客，大聲 喝講：『你跟著進來幹什麼？還不趕緊回去車上，照管那些布料，你知道那些布料值多少錢嗎？你這個白癡。』

　　『對不起！對不起！』攪擾逐家，攪擾各位老師，chiaⁿ 歹勢，『俺』是空軍ê退 伍士官，chit-má beh kā 恁報一个好空--ê[8]，『小兄弟！』你 kā 包袱仔拍開，kā 布料提出來hō͘老師看覓，『各位老師』，這 m̄是普通ê布料，這是防火布，粗

勇閣防火…

鐘聲已經tân[9]，後節猶有課，無閣聽落去，聽hit-lō口音，大概是山東仔ê退伍老兵，另外hit-ê攏無講話，看形體應該是台灣囡仔，二十外歲niâ，可能是leh做走水仔生理，若無就是leh喝俗貨。

第二節下課，來到辦公室，hit兩ê生理人猶tī-chia，hit-ê大籠pé[10]ê外省人，那講那比，若像leh變啥物工夫ê款，一tīn老師圍tiàm伊ê身邊leh看奇khá（巧），leh看變把戲，忽然間我hit-ê同窗ê王老師，向hit位講kah喙瀾全波ê生理人喝聲：

『老鄉！』阮chit个老師是師傅，布料專門，in兜leh開西裝社，內行khùi[11]--ê，問伊上蓋內行…。

話講bōe煞，hit位『老鄉』隨時把戲暫停睏，行來我ê身邊，肩頭kā我tah一下[12]，chiah閣kā我moa-leh[13]講話：

「各位老師，咱chit位老師是西裝師傅，對布料上內行，伊一定會當kā咱證明，這是正港ê防火布，正港ê好布料。來！老師請你來chit爿，tú-chiah你看無著，『俺再試驗一次』，請你看清楚，這是恁桌頂ê玻璃，mê-kak真利[14]…」

然後伊提一塊防火布，thián開雙手，將布thián開，弓ân-ân[15]，按呢ùi玻璃角一直lù一直割chiaⁿ十下：

「老師，你看，有缺角無？有破去無？chit款防火布粗勇無地比，猶閣有，請老師你斟酌看，這是啥物？汽油啦！請恁phīⁿ看覓[16]，汽油味無m̄著--hoⁿh！」逐家看kah恬chih-chih，hit-ê台灣囡仔全款無講kah半句話，『老鄉』沿路講，

沿路 kā 汽油 lâm 落去 [17] 防火布頂，伊無閣講話，kan-na laih-tah [18] 提一个，khiat～一聲將火 舌 nā 過 [19] 防火布頂 koân 過，hoang～一聲，火舌親像 tô-chí-sai [20]（廚子師）leh 猛火 炒花枝 按呢 chhèng（衝）尺外 koân，霎時火 hoa [21] 布原在，tng 當逐 家看 kah 喙仔開開，gāng-gāng 恬 chut-chut [22] 時：

『各位老師』逐家有看清楚 --hoⁿh？這是正港 ê 防火布，無買無彩…

心內感覺 giâu-gî [23]，m̄ 知影 he 是啥步數，鋸玻璃角 bē 破，點汽油燒 bē 化，防火布？閣粗勇？che 一定有啥物撇步？變把戲人人會，講破 m̄ 值三个錢，竅門 tī-toh？一時間 m̄ 知 beh 講啥話，無意無意，恬恬 beh 離開辦公室。

「蕭老師！he 是啥物布？敢 thang kā 買？」林老師在來 做代誌就十分張持 sè-jī，伊偷偷仔倚來 kā 我問。

「用布鋸玻璃 chit 步，應該經過練習就會表演得，若是 hit 罐汽油，若親像 m̄ 是普通一般 ê gasolin [24]，你做兵嘛是做 空軍 --ê 敢 m̄ 是？是 m̄ 是有一款汽油，我 tī 冊裡 bat 看過，若 像叫做啥物燈油？chiâⁿ 久 --à 已經 bē 記得？」

「hèⁿ！hèⁿ！有影有 hit 款油，我是聽人講 --ê。」

「hit 款汽油 ê 燃點（jiân-tiám）眞低，免一百度就會著火（tóh-hóe），大概是六十幾度 ê 款…」鐘仔聲閣響，beh 離開辦公室 ê 時，有聽見 hit-ê『老鄉』按呢講：

『你看，連我們的西裝老闆都 o-ló 這種防火布，準沒錯…』

第三節下課，一包袂仔 ê 布料賣 kah chhun 兩塊，hit-ê『老

鄉』無閣 kap 我講話，kan-na chhun 阮 hit-ê 教導（主任）上 gâu 出價：

『老鄉』！已經賣 hiah-nih 濟，taⁿ kan-na chhun chit 兩塊，算較俗 --leh，一塊三百箍，兩塊我總買。

『主任』！好啦！好啦！tú-chiah 一塊賣恁千六，感謝逐家 chiah 捧場，既然是教導主任 beh-tiⁿh，閣 kap 你講價嘛 歹勢，按呢啦！兩塊總買，千六箍 tō 好，掠準送主任一塊，一塊千六箍已經傷過頭俗，無地買 --à-lah…

上午最後一節課又閣著起行，放學了就無閣去辦公室，直接轉去厝裡食晝，下晡閣來 上班，已經無看 hit 兩个生理人，下課時間 kan-na 聽眾老師一直會 bē 煞[25]，有人講教 導上蓋 khiàng[26]，買了上俗；有人感覺 chiaⁿ 無彩，怨嘆買無著，因為伊一直 tī 教 室攏 m̄ 知；有人趁我 tī 辦公室，就 beh kā 我問原理，到底 he 是啥物布料？

「布 tī-toeh，提來看覓！」

「若無 ioh m̄ 著去[27]，he 應該是太子 lóng[28]，染做 khah-khih 色[29]，就是學生囡仔 ê 制服布料…」

「ah 哪會鋸 bē 破，燒 bē tȯh？」

「試看覓咧就知！」有人鉸一條仔 tiàm 玻璃角鋸看覓，結果鋸破去。

「我來去機車搵一屑仔[30]汽油試一下！」啥知番仔火一下點，汽油燒了，布條仔嘛變做 火灰。一時間，逐家看我 leh 落氣 piⁿ 把戲，你看我，我看伊，m̄ 信 m̄ 信，giâu-gî giâu-gî？無變步，代誌暫時停止。

「哈！哈！哈！哈！一尺十箍，丈六買千六，無貴無貴！」天光日透早tân上班，已經有人tī辦公室leh thih[31]：「教導上蓋gâu算，人講俗物食破家，伊一睏買兩塊，兩塊減千六，算上會hô，結果嘛是百六閣百六，三百二ê價數，hō人千六，全款貴一千二百八，哈！哈！哈！哈！」一tīn[32]老師tiàm退tèⁿ倥tèⁿ siáu[33]，因爲逐家「siáu貪戴雞籠」，tńg著騙鼠hō人piah sòng-phàn[34]，只好家己消遣家己。

經過莊老師ê證實，講伊提去hō伊hit-ê開布店ê大細siān[35]--ê鑑定，確實是太子lóng無m̄著，小賣[36]一尺十箍，一塊丈六嘛chiah百六箍niâ，結果咱做老師--ê竟然hō人煽大耳騙leh戀戀sèh，有夠m̄值，che是一種經驗，一種教訓，來源不明ê貨色，千萬m̄-thang貪俗就beh買，王錄仔仙，走江湖--ê，若無兩步七à，是beh按怎kap人賺食[37]--neh？「siáu貪戴雞籠」，落氣步盡展，講hō人聽，實在有影歹勢了了。

【註解】

1. siáu 貪戴雞籠：[貪小便宜，吃虧上當就得戴雞籠子遮羞]。
2. 身穿：[穿戴衣物]。
3. tòe bē 著：[跟不上]。
4. 走水仔貨：過鹹水ê[泊來品]。
5. ha 一杯：[喝一杯][飲熱湯燒茶曰]ha。
6. 空軍做工仔衫：空軍工作服。
7. koân-chhiâng 大漢：[高大壯碩]。
8. 好空--ê：好消息。
9. Tân：響。
10. 大籤 pé：[大塊頭]。
11. 內行 khùi：內行人。
12. tah 一下：[拍一下]。
13. moa-leh：[勾肩搭背]。
14. mê-kak 眞利：[菱角很利]。
15. thián 開弓 ân-ân：[展開繃得緊緊的]。
16. phīⁿ 看覓：[聞聞看]。
17. lâm 落去：[淋下去]。
18. laih-tah：[打火機]。
19. nā 過：[從火焰中晃過]。
20. tô-chí-sai（廚子師）：廚師。
21. 火 hoa：[火熄滅]。
22. gāng-gāng 恬 chut-chut：[愣住不語]。
23. giâu-gî：[蹊蹺懷疑]。
24. gasolin：汽油。
25. 會 bē 煞：[談論不休]。
26. khiàng：gâu，能力強。
27. ioh m̄ 著去：[猜錯了]。
28. 太子 lóng：[太子龍]。
29. khah-khih 色：[卡其色]，塗黃色。
30. 搵一屑仔：[沾一點兒]。
31. thih：高談闊論。
32. 一 tīn：[一群]。
33. tèⁿ 倥 siáu：[裝瘋賣傻]。
34. piah sòng-phàn：被騙受戲弄。
35. 大細 siān：同門--ê，娶全姊妹ê兩ê查埔人。
36. 小賣：[零售]。
37. 賺食：choán-chiàh，[有耍詐之意]；趁食：thàn-chiàh，[憑實力討生活]。

088

暗光吼 chiūⁿ 山，笠仔棕簑提來 moa；暗光吼落海，笠仔棕簑就來解。

「ah！ah！ah！」tī 黃昏時，阮網球會 ê 會友 tng-leh tī 球場傷殺，突然間飛來兩隻鳥仔 tī 頭殼尾頂 leh ah ah 吼，飛向西爿去，是 leh chhōe siū[1]，抑是 beh 去討食？

「戀鳥 to-tiòh，chiah-nih 悾歁[2] ê 白鴿鷥，chiah 暗是 beh 去 toh 位？咱 to tiòh 點電火，伊敢有 khoàⁿ（看見）路？」

「西北雨，直直落，白鷺鷥，來趕路。poâⁿ 山嶺[3]，過溪河，揣無岫，跋一倒，日頭暗，beh 怎好，土地公，土地婆，做好心，來 chhōa 路[4]，西北雨，直直落。」

「老陳 --ê，你閣會曉唸台灣囡仔童謠，無簡單 --ô，m̄-kú 你 kap 黃太太 攏 hut m̄ 著去[5] --à 啦，tú-chiah 飛過 hit 兩隻鳥仔是 àm-oah，m̄ 是白鴿鷥啦！」

「啥物是 àm-oah？he 形體 kap 白鴿鷥全款全款[6]，哪會 m̄ 是白鴿鷥？」

「àm-oah 就是 àm-kong 鳥，伊是夜行性鳥類。」「猶是聽無。」

「『夜鷺[7]』，bat 聽見--啦 hoⁿ！」

「ah！我知--a，就是暗光鳥，拚暝工 ê 暗光鳥啦，歹勢，一時的（chit-sî-tèk）顧拍球轉 bē 過來，煞 tâⁿ 去，chiâⁿ 久 m̄-bat 看著--à。」

「暗光吼 chiūⁿ 山，笠仔棕簑提來 moa[8]；暗光吼落海，笠仔棕簑[9]就來解。」今仔日天 氣 bē-bái，莫怪暗光鳥 tih-beh 飛去西爿討食，倚海裡 hit 爿魚塭仔較濟，較有魚仔 thang sut[10]。」

戴笠仔 moa 棕簑是 tih-beh 落雨，天氣若 bái，暗光鳥就會飛入山內樹林閃雨[11]，天氣若好，自然 tiòh-ài 出林討食，古早人看大自然鳥隻 ê 習性，就知影天氣 ê 變化，嘛是一種智慧。

Ah！ah！ah！ah！又閣飛來兩隻，全款飛向西爿，無疑悟 ê 談論，煞耽誤了比賽，「拍球！拍球！」mài 閣議論。

【註解】

1. chhōe siū：〔揣尋巢窠〕。
2. 悾歁：khong-khám。〔又愚又傻又懵懂〕。
3. poâⁿ 山嶺：〔攀過山嶺〕。
4. chhōa 路：〔帶路〕。
5. hut m̄ 著去：kiat m̄ 著去，〔弄錯了〕。
6. 全款全款：〔好像好像〕。
7. 夜鷺：iā-lō̄。
8. moa：〔披著〕。
9. 棕簑：chang-sui，〔棕櫚做的雨衣〕。
10. sut：食，客話轉音。
11. 閃雨：siám-hō̄，〔閃避雨淋〕。

089

苦雞母，生苦雞囝。

(苦瓜母，生苦瓜囝？)

苦憐 ê 阿福姆--à：

阿福姆--à in 第三查某囝又閣吼 lê-lê[1] 吼轉來 beh 賴--伊[2]，講 kah chit-ê 第三囝婿實在是 m̄ 成人一个，見若燒酒 hàu hàu--leh[3]，就是起酒 siáu[4]，掠 in 某拍 chhit-thô，m̄-chiah hō chit-ê 食命 ê 第三查某囝，煞變做一 ê 孝男神[5]--ê，不管時攏是苦瓜面 leh 過日，今仔日大概是擋 bē-tiâu in 翁 ê 蹧躂，chiah 會走轉來外家哭 chhan[6]。

講 kah 阿福姆--à 實在嘛是 chiâⁿ 歹命，阿福伯--à kap in hiah-ê 囝婿全款看酒若性命，一日無酒就睏 bē 落眠，雖然無像 hit-ê 第三囝婿按呢，三杯若落喉，就 tēⁿ 酒悾[7]beh 拍人，m̄-kú 伊有一 ê 僻鼻[8]，就是燒酒若 hō 伊 lim 夠 khùi[9]，暗時就 beh kap 阿福姆--à kô-kô 纏，雖罔是翁仔某代，thun-lún[10] 嘛是應該，m̄-koh 人 he 是有時有陣，時常攏是 hit 種臭酒味，也 m̄ 管人願意無願意，beh 就是 beh，過了後就睏 kah 一隻那豬，hit 款過日，啥人會堪得。

阿福姆--à 過著歹命鬱卒 ê 日子，m̄-koh 人伊嘛眞 bat 道理，若 m̄ 是 hit 三个查某囝攏嫁了無順序，伊嘛 bē 將 chit-ê 厭氣代 sià hō 人知[11]。查埔人 hèng 食酒--ê 滿四界，不過人是

有時有陣 leh lim，啥知伊 chiah 歹命，翁婿 kap 三个囝婿 tàu 兩擔，大囝婿、二囝婿雖然有較差不多--淡薄 à，三不五時嘛會 lim 到 gô-gô-gô，醉茫茫，閣 bē 堪得 hō 人講--兩句 à，某無開喙便罷，喙若開，一定冤家煞尾，結果查某人只好轉外家。

查某囝轉來是歡喜代，阿福姆--à 看著查某囝轉來是 bē 自在，家己翁婿 ê 虐待 會當目屎做飯吞，三个查某囝輪流轉來投--伊，m̄ 知影 beh 按怎排解，不得已講 hō 厝邊隔壁 ê 老同姒[妯娌] 知，伊是認命 ê 女性，每擺就是按呢怨嘆：「苦雞母，生苦雞仔囝」，m̄ 認命嘛 bē 煞得，敢講我 leh 愛苦瓜面、孝男神，親像阮母仔囝 chiah 歹命--ê，世間有幾个？戲棚頂 ê 苦旦都無阮 chiah-nih liân-hôe[12]，「苦雞母，生苦雞囝，」siáng[13] 叫恁 beh hō 阿母做囝！怨嘆何用！

附註：

苦雞母（khó͘-ke-bó）就是白腹秧雞（White-breasted Waterhen.），生湠期間，暝也吼，日也吼，一直吼 bē 煞，一直吼「khó͘--à！khó͘--à！」m̄-chiah hō 庄跤人號做「苦雞母」。Tī 台灣是 chiâⁿ 普遍 ê 留鳥，慣 tiàm 水田、lòm 地、溪岸邊有蘆竹、雜草內，罕得飛，嘛飛 bē 懸。

俗語「苦雞母，生苦雞囝」，有人認為是「苦瓜母，生苦瓜囝」，大概是 ùi 苦瓜面（面結結，苦旦面）來--ê，khó͘-

koe-bú 會使 chit 寫做「苦雞母」「苦瓜母」，但是 khó-ke-bú 會
當寫做「苦雞母」，卻 bē 使 chit 寫做「苦瓜母」，方音差無仝
所致。

【註解】

1. 吼 lê-lê：[哭喪著臉]。
2. 賴--伊：[賴著訴苦]。
3. hàu hàu--leh：孝孝咧，孝孤孝
   孤咧，有[狼吞虎咽]之意。
4. 酒 siáu：[酒瘋]。
5. 孝男神：[哭喪著臉]。
6. 哭 chhan：[哭喪著臉]。
7. tèⁿ 酒悾：[裝酒瘋]。

8. 僻鼻：phiah-phīⁿ，習性脾氣。
9. lim 夠 khùi：[飲得痛快心滿意
   足]。
10. thun-lún：吞忍。
11. sià hō 人知：[家醜外揚]。
12. liân-hôe：可憐代。
13. siáng：啥人。

090

大人言，囡仔話。

1962 年出道教冊到 taⁿ，三十外年來，m̄-bat hō͘ 人 kiāu 過[1]，m̄-bat hō͘ 人罵過垃圾話，無疑悟今仔日煞hō͘ 一ê 囡仔疟 kâ（kā 我）開膣[2]，當面 chhoh[3] 我「kàn-lín-niâ」，做老師做 kah chit 款地步，實在有夠 m̄ 值，規氣來退休，免 leh 氣惱。

代誌是按呢，為著 beh 推銷台語，今年 thiau-kang kā 學校討 beh 教低年級 ê 音樂，想講按呢就會使 chit 一對十二，擴張[4]台語教學 ê 對象，教 beh 規學期，檢討起來感覺 chiaⁿ 滿意，會用得講每一節攏鬧熱滾滾，歡喜 tang-tang，每一條台語囡仔歌，唱了閣再唱，唱 bē siān，到 kah 學期尾，嘛已經教會曉唱十條歌，當然課本內 ê 正課嘛照步來，無 kā 偷工減料，教學過程雖然 m̄ 敢講是十全十美，規个教室內 ê 活潑氣氛，嘛有得著阮校長 ê 褒獎，家長方面 m̄ 知影有 o-ló-- 無？不過學校內 ê 同事，若有子弟上我 ê 課，攏有正面 ê 肯定，講按呢教，囡仔感覺 chiaⁿ 歡喜，學了 bē 少 ê 台語，閣 o-ló 我創作 hiah-ê 台語歌詞有夠讚，真心適好聽閣快學。

啥知今仔日上課時，有一个學生無規矩 leh kòng 桌仔[5]，hō͘ 我阻止 m̄ 聽，就 kā 拍一下，啥知彼 ê 巧氣活潑愛作孽 ê 查埔囡仔，煞 thiau-tî tòe-leh kòng[6]，實在無伊法，為著教室內 ê

秩序，科任老師是無 hit-lo 閒工用招呼 ê 軟步，去安搭 chit 款
學生，m̄-chiah 較直接快速 ê 方式 kā 拍兩下，有影有效 --koh，
了後開始批改樂理 ê 作業，無閣進行教學，chit-ê 古錐作孽 ê
歹囡仔煞 leh 創治一个查某學生，提人 ê 鉛筆、鉛筆 khók 仔，
擲落水桶內浸水 sńg chhit-thô，宛然是一个小霸王 ê 行爲，老
師發現 beh 處罰，伊 m̄ 肯，爲著教室內 ê 秩序（m̄ 是爲著老
師 ê 尊嚴），姑不而將硬將伊拍一下尻川 phóe，結果 bē 直--à，

「kàn-lín-niâ！你做老師有啥物了不起…」

雄雄來 ê 反應，從來就 m̄-bat 拄著 ê 狀況，chit 款垃圾話，
chit 款大人 chiah 有可能 ê 應話，竟然 ùi 一个七八歲 ê 囡仔疕 ê
喙空 puh 出來，「你做老師有啥物了不起…」chit 款大人氣口
ê 應話，哪有可能會 tī 囡仔喙講出來？實在想 bē 曉，『養不
教，父之過，教不嚴，師之惰…』敢講家己 ê 教育方式出了
問題？抑是伊 ê 家庭教育有各樣[7]？有偏差？

天光日 kā 這個個案報告 hō 級任吳老師知，人伊吳老師
chiâⁿ 明理：

「有影 --ò，唉！好！這个囡仔又閣 leh 起 khong--a，無來
kā 收魔一下 bē 使 chit？」

「敢講你嘛 bat hō 伊罵過？」

「a-che m̄-bat！其實 chit-ê 囡仔真巧，真古錐，就是有 tang
時仔會掠狂，烏白來，垃圾話，thīn-thōng 話亂使講，講了
hō 老師處罰，chiah 來後悔會失禮，閣 chiâⁿ-gâu 講話--neh！」

「ah in-ê 家庭教育按怎？」

「是無了解 kah 偌濟啦！看 in 老爸，檳榔 chhóp-leh chhóp-leh[8]，聽講講著話攏是三字經，kàn-tōng-soān，粗人一个，除了粗魯，並無歹意，大概是 hit 款人啦！」

按呢嘛是莫怪，人講「大人言，囡仔話」，這就是一个示範，七八歲囡仔，伊知影 chē 啥？猶 m̄ 是 tòe 大人學--來 ê，為人師表 ê 模範重要，家庭教育閣較 bē 使 chit 疏忽去，『言教莫如身教』，學校教育 ê 成果，定定著去 hō 家庭教育、社會教育破害了了，定定聽人怨嘆咱 ê 教育失敗，常常將箭頭射 ùi 教育界來，實在無啥公平。

頭前講做老師做 kah chit 款地步，實在有夠 m̄ 值，規氣來退休免 leh 氣惱 ê 怨嘆話，是 leh 滾笑--ê，做老師做 beh 四十多，怎 thang[9] kap 天眞活潑 ê 小朋友計較，講 he 蹧躂[10] ê 言語--neh，無 leh 無水準--講？

【註解】

1. kiāu 過：罵過。
2. 開膵：khui-chho，第一擺開戒。
3. chhoh：歹喙罵人。
4. 擴張：khòng-tiong。
5. kòng 桌仔：[敲打桌子]。
6. thiau-tî tòe-leh kòng：[故意跟著敲打]。
7. 各樣：koh-iūⁿ，[異樣]。
8. chhóp-leh chhóp-leh：[不停的咀嚼東西]。
9. 怎 thang:[怎麼可以]。
10. 蹧躂：chiâu-that，諷刺。

091

hô-sîn¹, 貪甜。

「大嫂，你 leh 煎麵粉粿仔--hioh！」

「Jih--ê！你轉來--à！beh 食無？家己提！」

「Chiaⁿ 久 m̄-bat 食--à！mh！bē-bái 食 to-tiȯh！」

「你就是 chiah-nih 愛食甜，到 kah beh 做人阿公--a 猶是全款 chit 款趣味。」

「就是按呢 m̄-saⁿh²？大嫂！你敢會記得自細漢時，你就按呢笑我：hô-sîn，貪甜。」

「哪有 chē．會 bē 記 tit？自我嫁來到咱兜，你 chiah 五歲 niā-niā，見若桌頂有糖，允准你會使 chit 用，你就歡喜--put-put，泡甜茶，你就 lim 到愛 kā 你喝擋；lā³ 甜糜，你就 kiat-kah m̄ 知影 thang 飽，有 tang 時仔閣會吵我著愛煎麵粉粿仔 hō 你食，講 kah 你--hoⁿ，實在有影「hô-sîn，貪甜」。

ā 知哪會 chiah-nih 興食甜？見若年節仔做粿粽，抑是煮紅圓仔，無甜便罷，若是有摻糖 ê 食物，m̄ 管是甜皮、甜餡、甜湯，一定食到飽，正頓糜飯可以 m̄ 免食，甜粿、紅龜粿，尤其是紅龜包塗豆仁 hu ê 紅龜粿，做你免掛意，三五塊做一擺食是無問題，有影「hô-sîn，貪甜」無 m̄ 著。

會記得有一擺，大嫂你煎麵粉粿仔 beh 做點心請--人，

hō͘ 我 ùi 學校轉來 sut 到 chhun 兩三塊，煞 hō͘ 阿爸罵講做人新婦 --ê，跤手 chiah-nih 頇顢，是 beh 按怎款待人客 --neh，結果你無辯解，目屎 kâⁿ--leh⁴，恬恬閣煎一大盤，閣 thiau-kang 留三四塊 beh hō͘ 我半晡仔 thang 食，chit-ê 代誌阿爸一直攏 m̄ 知影，你也 m̄-bat kap 別人提起，hit 時陣 kan-na 知影 beh 食 beh 食 ê 我，實在 bē 了解大嫂 ê 疼心 kap 心酸。

「講 che beh-nî⁵？阿爸 ê 人界重面子，驚做 hō͘ 人失禮，有較急性淡薄 --à，人伊在來就足疼咱 --ê。taⁿ 愛食閣提去食 --ò͘！」

老母無緣做伊先走，放我五歲大 ê 囡仔疕，是 beh 按怎成人大漢？好佳哉有大嫂入門來 kā 我疼，處處維護我若像親生囝，chiah 有今仔日 ē-tàng 教冊過有意義 ê 生活，大嫂！實在感謝你！

無講無心酸，講了又閣看著大嫂 leh 目屎滴，伊就是 chit 款慈悲 ê 心性，嘛 tī 人生路途 chhōa 我行入正道樂觀，無去餒志⁶做歹囝。

【註解】

1. hô͘-sîn：胡蠅，[蒼蠅]。
2. m̄-saⁿh？：[不是又是什麼？]。
3. lā：撈，[攪拌]。
4. kâⁿ--leh：含著。
5. beh-nî？：beh 創啥？
6. 餒志：lóe-chì。

092

九月風吹¹, 滿天飛。
(九月九, 風吹滿天吼。)

　　2000年1月30日, 農民曆十二月廿四, 對阮崁頂庄 ê 叔孫來講, 是一个大日子, 全庄總動員辦一層 chiâⁿ súi-khùi² ê 大代誌, 「2000年社區親子活動」tī 阮庄內辦, 辦 kah chiâⁿ 成功, m̄ 但得著頂級上司 ê o-ló, 閣較予阮家己庄裡 ê 叔孫弟兄, chiâu tín 動起來, 帶來活 lèng-lèng ê 生活趣味, 會用得講比冬尾戲辦桌請人客猶閣較有意義, 這攏著感謝里長蕭文宗 kap 社區理事長蕭萬福, 帶領全庄里民分工合作, 相 kēng 拍拚 ê 成果。

　　阮是利用蕭家祖厝做會場, 廟內展覽字畫古物, 廟前進行各種民俗表演, 弄獅、跳舞、娶新娘陣頭, 放天燈、放風吹、掠 ho͘-liu（魚溜）, 現場寫春聯…廟邊廟後 ê 園仔, 提供 30 幾个炕窯 hō͘ 人 kop 窯仔³, 嘛有消防隊表演救生活動…眞正鬧熱滾滾, hō͘ 文建會 ê 官員 o-ló kah tak 舌, 講從來就 m̄-bat 看過 chiah-nih 成功 ê 社區活動, 嘛 hō͘ 來參觀 ê 其他社區負責人感覺爲難, chit 款 ê 場面阮哪會敢辦呢？

　　當 leh 放風吹 ê 時陣, 社區理事長走來問 -- 我:「蕭老師！俗語 m̄ 是有一句「九月風吹, 滿天飛」, ah chit-má 也 m̄ 是九 -- 月, 而且 beh 過年 --a, 哪會風吹放 kah suh-suh 叫, 閣

抑飛kah hiah-nih懸？敢講俗語講了有問題？」

「九月九，風吹滿天吼。」講了無m̄著，九月九降風，有風，風吹m̄-chiah飛會懸，今仔日雖然已經到冬尾，北風猶原sngh-sngh叫，beh放風吹嘛是會使chit，當然啦，m̄驚寒，閣愛有閒工，beh按怎sńg，由在你。

「敢按呢？」

「理事長！ah你m̄-leh三八，俗語是古早人傳落來，古早人beh哪有hiah-chē閒工thang放風吹消遣做gī-niū？你是作田人，應該知影，頭冬粟仔若收成，隨時就播第二冬ê秧仔，二冬稻仔若割，chiah種chē番薯、番麥、茉蔬較bē厚工ê穡頭，伸落來ê時間m̄-chiah有可能hōng食[4]、消遣、chhit-thô，親像吹碗粿、挨米篩目，kap chit-má leh放風吹、kop窯仔，攏嘛是tī九月以後ê齣頭。」

唉！有影to-tiòh，chit-má ê人實在有影好命，食、穿、tòa富足，心適趣味好sńg--ê滿四界，可惜單單文化方面有較欠缺，特別是咱家己台灣ê，廟內hit隻hiⁿ-kui[5] bat看過--ê已經無幾個，啥物用途閣較免講。

【註解】

1. 風吹：[風箏]。
2. chiâⁿ súi-khùi：[非常漂亮]。
3. kop窯仔：chit-má時行講（炕窯khòng-iô），實在m̄著，khòng肉、khàng滷卵是khòng，pû番薯哪著用khòng，[疊土塊，悶燒番薯的疊土塊]，台語叫做kop，kop窯仔chiah著。
4. hōng食：[鬧哄哄的]討論食ê代誌。
5. hiⁿ-kui：織布機。

093

有人山裡趁食，
有人海裡趁食。

　　二水鄉文化志工研習營 ùi 2000 年二月十二日~十五日 tī 二水鄉圖書館舉行，二水鄉公所主辦，賴許柔文教基金會 kap 二八水文史工作室承辦，目標是：

　　熟似在地人文、地理、歷史 kap 文化傳統，做一个有尊嚴、有文化氣質 ê 台灣人。

　　訓練地方鄉土文化解說員，拓展地方觀光旅遊產業，用休閒知性 ê chhit-thô 遊覽方式來帶動地方發展。

「在地 ê 花蕊，在地 ê 種子」：
這是一 ê 特別行業，無論山頂抑海堅，
攏有人為伊，走 chông 拚命，出生入死。

這是一 ê 受尊敬 ê 行業，無論保衛溪河抑護持古蹟，
攏有人為伊，大聲喝咻搶救。
這是一 ê 可愛 ê 行業，走 chhōe¹ 文化，發覺歷史，
留記錄做參考，建設故鄉 ê 田園。

誠懇邀請你，轉來探望咱故鄉，咱過去行過 ê 跤跡，

著按怎安排 kap 計劃，

thang 開展未來 ê 向望。

營隊 ê 執行長賴宗寶校長 tī 致辭時講：

咱二八水² 是一 ê 散鄉³，俗語按呢講：「有人山裡趁食，有人海裡趁食。」咱二八水是有山閣有水，山是八卦山，水是養飼咱彰化平原囝孫 ê 濁水，就是濁水溪。可惜山是崎那壁⁴，東爿 ê 八卦山坪，kan-na 會使 chit 種樹仔 kap 一寡仔果子 niâ，經濟利益並無大。濁水溪雖然 tī 咱身邊，八堡圳致蔭咱二八水人並無濟，因為西爿平地眞狹，hō͘ 鐵路、公路、圳溝佔去足濟面積，chhun 落來會當耕作 ê 農地嘛有限，溪埔地有影 bē 少，總是 he 是靠天田，大水若來，就一切化爲烏有，beh 做長期計劃有較無穩，所以長期以來，外流 ê 人口非常濟。

咱二八水人 beh 靠啥物趁食？這是咱 ài 思考 ê 問題？二水交通四通八達，有縱貫鐵路、集集支線、員集公路經過，未來 ê 高鐵 kap 第二高速公路攏 tī 咱附近經過，che 是 m̄ 是會 tàng 帶來咱二水鄉 ê 發展？ǹg 望咱遮 ê 少年有志，逐家來 tàu 想看覓，「有人山裡趁食，有人海裡趁食。」咱二八水人 beh ùi 佗位來趁食？希望透過 chit 擺 ê 研習，hō͘ 咱有一 ê 計劃 ê 方針，感謝恁 ê 參與。

【註解】

1. 走chhōe：[尋找]。

2. 二八水：jī-pat-chúi，現在叫二水。

3. 散鄉：[窮鄉]。

4. 崎若壁：[山勢陡得像牆壁]。

094

食飯皇帝大。

二水鄉文化志工研習營 ê 課程、排 kah chiân chảt[1]，ùi 早起八點到下晡五點半，來講課 ê 教授一律台語發音，聽著不止仔搭心[2]，在地文化使用在地語言是天經地義 ê 道理，這是趨勢[3]，這是必然，台灣人已經有 leh 覺醒，嘛已經 tī-leh 實踐。

講課 ê 教授攏 chîn 認眞，才調[4]盡展，kan-na 驚你 m̄ 吸收，驚你食 bē 落去 niâ，絕對 bē àng-tō[5] bē khǹg 步[6]，這實在是一項眞 oh 了解 ê 台灣人心理，無關心家己文化 ê 人，較按怎 kā 講嘛 bē chhun-chhiah[7]，一旦若踔落去研究，就那慈善家 hit 一樣，只要有人 beh-tîⁿh，一定全部工夫 beh 放 hō 你。正課第一節由吳成偉老師講「古蹟之美 kap 人文內涵」，排定時間是 10：10~12：00，結果因爲伊 ê 熱誠 kap 阮 ê 用心，煞講 kah 下晡點外猶 m̄ 煞，阮 bē 記 tit 食晝無要緊，害著下晡第一節課 ê 康原老師 tī-hia 等，雖然點半時間已經到，伊嘛 m̄ 敢接落去伊 ê 出頭。

吳老師不得已結束伊 ê 課，m̄ 敢閣拖，執行長賴校長馬上發落康老師著繼續教，mài 延 chhiân，因爲賴校長知影康老師 ê 囡仔歌有研究，m̄-chiah 叫阮逐家那食那聽康老師唱

歌，有影 bē-bái。不過康老師猶是感覺 chiân⁸ 歹勢，「食飯皇帝大」，按呢 kā 恁攪吵那好勢？做恁慢慢仔食，beh 聽 m̄ 聽攏無要緊，我就先講一寡 bang-gah，hainⁿ 一寡無字曲仔 hō͘ 逐家罔參考，thèng-hāu 逐家若食飽 chiah 來講正題。

無 --nò͘ ⁹！阮真知，康老師對彰化平原有研究，做你照計劃講落去，阮 beh 了解 --ê 是故鄉 ê 代誌，時間寶貴，m̄-thang 浪費，「食飯皇帝大」ê 觀念已經是古早 ê 代誌，chit-má 食穿 chiah 富裕，m̄ 免閣注意，來參加 chit-ê 研習，致重 --ê 是咱 ê 地理、歷史，腹肚枵著愛食，咱嘛會使 chim-mih 食 chim-mih 聽 ¹⁰，有興趣自然聽 bē siān，做你講落去無要緊啦！

康老師 m̄ 但是文學家，閣是音樂家，伊 ê 歌喉一流，伊 ê 記持 ¹¹ 嘛是一流，那講那唱，攏免看稿，趣味欣賞中間，二點鐘時間一目 nih 仔就過去，也無看人 leh tuh-ku ¹²。

【註解】

1. chiânⁿ chàt：[很擠]。
2. 搭心：[貼心貼切]。
3. 趨勢：chhu-sè。
4. 才調：[才華能力]。
5. àng-tō͘：[包藏禍心]。
6. khǹg 步：[留一手]。
7. bē chhun-chhia：[不通，不瞭解]。
8. hainⁿ：[哼]。
9. 無 --nò͘！：[不可以啦！不是這樣啦！]
10. chim-mih 食 chim-mih 聽：[邊吃邊聽]。
11. 記持：kì-tî，[記憶]。 12.tuh-ku：[打瞌睡]。

095

樟仔 gâu 吼，瓊仔 gâu 走，
拔仔柴摔死狗。

　　康原老師 ê「走揣彰化平原」講煞，紲落去是蔡榮捷老師 ê「ùi 台灣 kan-lòk 看鄉土文化」，kan-na 看題目，hō 人感覺「拍 kan-lòk 敢有啥物 thang 好 phò-tāu 兩點鐘久 ê 題材」？m̄-koh 看蔡老師 ê 工作經歷 kap 專長，應該 bē hō 人失望 chiah 著。

　　蔡老師是二八水 ê 在地人，tī 社頭國小教冊，除了台灣干樂教學研究以外，音樂體育伊攏有興趣閣有 -- 二步七 à，bat 去過 chiân-chē 國家表演，見識廣闊，經驗豐富，莫怪伊家己臭 iāng[1]，講伊講話 chiân 臭屁，有影 to-tiòh，洋洋得意無夠過謙，少年出名，講著話充滿自信自然 bē sè-jī。

　　講桌頂园一堆無全款 ê kan-lòk，有大粒有細粒，本土 --ê 外國 --ê，有釘 --ê 無釘 --ê，用手攑 --ê 用索仔纏 --ê，大概是 beh 表演用 --ê，未講進前蔡老師先放兩首台灣味 chiân 重 ê 音樂予阮聽，然後講 kah 一大堆，啥物「文化國家主義」，啥物鄉土觀念著 ùi「屬人主義」轉變到「屬地主義」，予我聽 kah bū-sà-sà，拍台灣 kan-lòk 敢有影有 hiah-nih 濟學問？也 m̄ 表演 chē 來看巧咧[2]，kan-na 臭彈有啥物路用？到底是 leh pīn 啥物 báng，sa 攏無，最後伊歸納鄉土文化愛有下面八項內容：

1.鄉土語言 kap 文學。2.鄉土地理。3.鄉土歷史。

4.鄉土藝術：音樂、美術。

5.鄉土自然：環保、城鄉關係。6.民俗宗教。7.民間技藝。

8.鄉土教育 ê 課程 kap 教材教法。

經過半點鐘，愈講愈著重點，伊問講，為啥物我 m̄ 講陀螺（tô-lô），beh 強調講 kan-lȯk（干樂）？這就是鄉土文化所致重 --ê，咱囡仔時代 leh sńg ê「top」就是 kan-lȯk，無人講做陀螺（tô-lô），敢 m̄ 是？早當時 ê kan-lȯk 有圓釘 kap 扁釘 ê 無仝，ī[3] 扁釘 ê kan-lȯk 叫做「釘 kan-lȯk」，有攻擊性、技術性 kap 危險性，m̄ 知吸引著 jōa-chē 台灣囡仔 ê 趣味，陪伴 jōa-chē 台灣囡仔過著心適有 ǹg 望期待 ê 童年。kan-lȯk 釘破去會使得家己閣 thâi 閣削來製作[4]，所以除了 sńg ê 講究以外，猶有製造 ê 經驗 kap 技術，beh thâi kan-lȯk ê 木材著研究，「樟仔 gâu 吼，瓊仔 gâu 走，拔仔柴摔死狗」ê 俗語，就是 kā 咱講，樟仔柴 thâi ê kan-lȯk khah-gâu hoⁿ，瓊仔柴削 --ê gâu 轉閣走真遠，拔仔柴 bē 使 chit 做 kan-lȯk，因為拍 bē 轉，原因可能是拔仔柴生做扁扁，柴紋無圓 ê 關係，chiah-ê 知識攏 tī 爸囝兄弟中間代代相傳落來，這就是台灣咱家己 ê 文化。

Oâ~á，蔡老師確實厲害，確實臭屁，為著咱台灣 ê 文化，咱家己 ê 自尊，其實伊 m̄ 是 leh 臭 iāng，伊是 leh hiau-pai，hiau-pai 咱台灣 ê kan-lȯk 有家己 ê 特色，m̄ 是陀螺，m̄ 是中國人講 ê 陀螺 --呢！

問蔡老師哪會有 chit 款 ê 認 bat？伊講過去出國攏 kā 人

講陀螺，煞 hō 外國人感覺 bū-sà-sà，到底恁台灣 kap 中國 ê top 有啥物無仝呢？煞 hō 我一時 gāng-gāng[5] m̄ 知影 beh 按怎回答？所以 hit 擺轉來了後，我就一直思考一个問題，啥物是本土，啥物是台灣家己 ê？歹勢，無將表演當做重點來 kap 逐家交陪，liâm-mi chiah 拍兩套仔 hō 恁做參考，若 beh 欣賞我 ê 技術，二月十八，咱遮圖書館開幕 hit 工，chiah 招招來 tàu 鬧熱，無頭無總講 kah 不答不七，m̄ 知影會合口味無，請多多指教。

「樟仔 gâu 吼，瓊仔 gâu 走，拔仔柴摔死狗。」拍 kan-lòk ê 趣味，朋友！你敢猶會記得，是 kan-lòk，m̄ 是陀螺，這 kap 阮崁頂庄 leh kop-iô-á 仝款，阮嘛特別 kā 參觀 ê 朋友講，m̄ 是 khòng-iô [炕窯]，是 kop 窯仔。愛故鄉、愛土地，請會記得用台灣思考，請用台灣 ê 名。

【註解】

1. 臭 iāng：臭屁，[臭美]。
2. 也 m̄ 表演 chē 來看巧咧：[怎不表演一些讓人瞧瞧奇巧呢]。
3. ī：sńg [玩][遊戲]。
4. 閣 thâi 閣削來製作：製造 kan-lòk 用刀仔削，叫 thâi kan-lòk。
5. gāng-gāng：戇戇 [楞楞地]。

096

立春 tī 二九，烏寒趕 bē 走。

夭壽[1]！春天哪會 chiah-nih 寒！

阿婆--ā，你閣會曉唱流行歌--ò！

無啦！你是聽 ùi tah 去，你無看我寒 kah gih-gih-chun[2]--hioh？

ah！有影 to-tiȯh，元宵節都過去 chiah-chē 日--à，天氣哪會猶是 chiah-nih 寒，chiah 十二度 niâ--neh。

有影--ò，莫怪 chiah-nih 冷，大裯衫[3] 穿--leh，全款 leh 哺豆仔[4]，chit-kái[5] 寒--人實在寒了有夠久。

會記得舊年十一月月光暝 tī 新社（鄉）過暗，就已經落霜，尾牙 hit-chām[6] 嘛是寒 sih-sih，taⁿ 都 beh 正月底--à，天氣全款 chiah-nih 生冷，溫度一直 bē chhèng-koân[7]，寒一下實在有夠 khùi[8]！阿婆！你較有經驗，che 是啥原因--haⁿh？

我抑知？

「He 叫做「立春 tī 二九，烏寒趕 bē 走」啦，阿婆！蕭老師！你無看 chit 幾工 sap-sap 仔雨落未停，一直無出日，逐日都烏陰烏陰，che 就是烏寒，今年立春 tú 好 tī 舊年二九暝，俗語講：「立春 tī 二九，烏寒趕 bē 走。」煞講 kah 對對對，一點仔都無精差。」厝邊陳先生倚來參 leh phò-tāu。

原來如此，入來曆內péng[9]農民曆，有影to-tiòh，二千年二月四日立春，正正是咱人十二月二九暝八點四十二分。「立春tī二九，烏寒趕bē走。」祖公ê智慧實在m̄是臭彈--ê。

【註解】

1. 夭壽：iau-siū，[糟糕、非常、過分，跟夭折無關]。
2. gih-gih-chun：[凍得發抖]。
3. 大裯衫：tōa-tô-saⁿ，大衣。
4. 哺豆仔：[凍得發抖]親像leh哺豆仔。
5. chit-kái：[這一次]。
6. hit-chām：[那陣子]。
7. chhèng-koân：[升高]。
8. 有夠khùi：[夠了]。
9. péng：[翻]。

097
一喙含一舌。

Ko·-chiáu（姑鳥）就是大慈悲心鳥、鷹鵑（Large Hawk Cuckoo），伊ê號名，是因爲伊「ko·-ko·-á！ko·-ko·-á！ko·-ko·-á！」ê叫聲無時停，甚至半暝嘛會聽著叫聲。

Ko·-chiáu（姑鳥）是夏候鳥[1]，每年熱--人，若tī蕙蓀林場[2]、溪頭林場歇暗，tī半暝一定會聽著in哀怨ê歌聲。

姑鳥ê故事：阿姑仔！轉來--à！

古早古早，二仁溪上游，羅漢門地帶，有一个眞散赤ê庄跤所在，tòa一口灶人[3]，無爸無母，kan-na大兄小妹兩人相依爲命，大兄小妹感情chiaⁿ好。

後來，大兄娶某成家，一家三人日子過了不止仔幸福，可惜無偌久，兄嫂細姑煞bē合，m̄知是阿嫂肚量siuⁿ狹，bē堪得款三頓hō·細姑仔食，閣著了番薯仔米，sian算嘛算bē-hô[4]；抑是細姑仔條直bē曉做人，kan-na會曉「一喙含一舌」，恬恬m̄開喙，bē曉sai-nai閣預顧講話，m̄-chiah bē得著阿嫂ê疼。

因爲無爸母thang âⁿ（偏袒掩護），煞hō·阿嫂愈來愈m̄

是款，piān-nā 大兄出門去作穡，阿嫂就想盡各種毒計 beh 將 chit-ê 細姑仔 kā 激出門。有一工，chit-ê 無量 ê 兄嫂，又閣趁翁婿出門 ê 機會，將煮熟過 ê 塗豆，強迫小姑仔提去山園仔種，交代 tiȯh-ài 等候塗豆 puh 芽，chiah 會使 chit 轉來。

欲暗仔兄哥轉來，chhōe 無小妹，心肝著急，相連幾若工四界走揣，攏無消息，最後迫問家己家後，chiah 知 in 某 ê 毒計，就強迫 in 某出去 chhōe 細姑仔，而且交代若尋無伊 ê 小妹轉來，「你嘛 m̄-thang kâ⁵ 轉來。」可憐 ê 兄嫂得著報應，因為 chhōe 無細姑仔，m̄ 敢轉來，煞消失 tī 山郊野外，化做一隻「姑鳥」，規世人 tī 荒郊野外走揣小姑，不時著「kơ-kơ-á！kơ-kơ-á！kơ-kơ-á！」吼 bē 煞。

【註解】

1. 夏候鳥：hā hāu-niáu。
2. 蕙蓀林場：hūi-sun lîm-tiûⁿ。
3. tòa 一口灶人：[住著一口人家]。
4. sian 算嘛算 bē-hô：[再怎麼算，都不划算]。
5. kâ：kā-góa，[給我，跟我]。

098

chǹg soaⁿ-lêng, chit-sì kêng。
（鑽山龍，一世窮。）

Hit chit-jit khì ke-á-lō͘ hō-lí-hō-sō, kha-tah-chhia làp--leh sì-kòe
bóng sèh bóng lōa-lōa-sô, bô-gî-gō͘ lâi-kàu Hok-an lō͘, soah khì tn̄g-
tiòh kú-nî bô-khoàiⁿ ê lāu pêng-iú Khó͘ bûn-giòk, i kā góa chàh--lòh-
lâi,

bô-lūn jû-hô it-tēng tiòh-ài jip-lâi chhù-lāi kap i phò-tāu kiam
kóng jîn-seng ūn-miā, lèk-chīn chhong-song ê kòe-khì bī-lâi kap
chhia poàh-péng bô sūn-sī ê it-chhè ê it-chhè!

Hit 一日去街仔路 hō-lí-hō-sō[1]，跤踏車 làp--leh 四界囡 sèh
囡 loàh-loàh-sô，無疑悟來到福安路，煞去 tn̄g 著久年無看 ê 老
朋友許文玉，伊 kā 我閛落來，無論如何一定 tiòh-ài 入來厝內
kap 伊 phò-tāu 兼講人生運命，歷盡滄桑 ê 過去未來 kap 摒跋
反無順序 ê 一切 ê 一切！

Tòa-tī kāng chit sớ-chāi, ná-ē m̄-bat sio-tn̄g? chit ê sī tiâu-tit kà
lâng chú-tē ê gōng kàu-goân, chit ê sī gián-kiù peh jī miā-té, sǹg-miā.
kái-ūn.lāu-siàp thian-ki ê poàn-sian, lâi bōe-lâi, khì bōe-khì ê bī-pok
sian-ti,

miā-ūn thiⁿ chù-tiāⁿ, góa Khó͘ tāi-su ū kàu m̄-sìn siàⁿ, thiau-kang
beh kap thiⁿ-lí piàⁿ-su-iâⁿ, khò góa Khó͘ poàⁿ-sian ê miāu-kè, it-tēng

hō-lí hok-tē hok-jîn ki, hok-jîn ki hok-tē, che sī lí-ê lāu pêng-iú chȧp
thóng nî lâi choán-chiȧh ê châi-tiāu, seng-lí sit-chāi bē-bái, lāu hiaⁿ-tī,
lí kám beh sió chham-khó chit ê? êng-êng bóng gī-niū.ū-hó bô-bái.

Tòa-tī 全一所在，哪會 m̄-bat 相 tn̄g²？一个是條直教人
子弟 ê 戇教員，一个是研究八字命底、算命改運漏洩天機ê
半仙，來未來，去未去ê 未卜先知，命運天註定，我許大師
有夠 m̄ 信聖³，thiau-kang⁴ beh kap 天理拚輸贏，靠我許半仙
妙計，一定 hō 你福地福人居，福人居福地，這是你 ê 老朋
友十 thóng 年⁵來賺食⁶ê 才調⁷，生理實在 bē-bái，老兄弟，
你敢 beh 小參考--一下？閒閒罔⁸gī-niū，有好無 bái。

Goân-lâi niáu-chhú（jî-chhú）？siòng-miā chhùi hô-lùi-lùi, he
iah thang?liōng-khó-mài, seng kóng seng iaⁿ, chhian-bān m̄-thang
hō-i kóng chin-chêng, ōe-thâu nā kóng khai-sí, he chiū oh siu-siaⁿ:
"tông-chhong-ê,

chāi-lâi Lȧh-jih--ê sui-bóng bô-leh hoán-tùi lâng siòng-miā, mā
bô leh thih-khí m̄-sìn lâng ū ūn-miā, lâng ū miā-té, chóng--sī kha tȧh sì
t-tē, pá-ȧp hiān-chhái khah iàu-kín, kòe-khì ê hoaⁿ-hí siong-pi, bī-lâi ê
ǹg-bāng kî-thāi iáu-bô khoaⁿ-kìⁿ, lóng m̄-sī góa Lȧh-jih--ê beh chim-
chiok chú-ì ê tāi-chì, chhiáⁿ lí tiȯh mài koh kóng khí.

原來 niáu 鼠（如此）？相命喙糊 lùi-lùi, he 抑 thang⁹？
liōng-khó mài¹⁰，先講先贏，千萬 m̄-thang hō 伊講進前，話頭
若講開始，he 就 oh 收聲：同窗--ê，在來 Lȧh-jih--ê 雖罔無 leh
反對人相命，嘛無 leh 鐵齒，m̄ 信人有運命，人有命底，總--
是跤踏實地，把握現在較要緊，過去 --ê 歡喜傷悲，未來 --ê

向望期待猶未看見，攏m̄是我 Lah-jih--ê beh 斟酌注意ê 代誌，請你就 mài 閣講起。

Kì-jiân lí tùi iông-thèh, miā-lí bô beh sìn, im-thèh, hong-súi, bōng-á, tē-lí lí kám beh sìn?

chheng-bêng kòe-liáu, lín chó͘-sian ê bōng-tē kám ū su-iàu chhiâu-chhèk? nā ū su-iàu, soán 1 kang-á kā lí chham-khó koàⁿ-māi--leh án-choáⁿ?

既然你對陽宅、命理無 beh 信，陰宅、風水、墓仔、地理，你敢 beh 信？清明過了，恁祖先ê 墓地敢有需要 chhiau-chhèk[11]？若有需要，選一工仔 kā 你參考看覓--leh 按怎？

Chāi-lâi gún tau ê chó͘-hûn tiòh pêng-pêng--ā, bô tèk-piat koh-iūⁿ, sī bô pit-iàu tín-tāng kám m̄-sī? gún ê hiaⁿ-tī chek-sun lóng-mā án-ni kóng.

在來阮兜ê 祖墳著平平--ā[12]，無特別各樣[13]，是無必要 tín 動敢m̄是？阮ê 兄弟叔孫攏嘛按呢講。

Kóng sī bô m̄-tiòh, put-kò͘ nā-sī chim-chiok chú-ì, eng-kai ū hó bô bái chiah-tiòh！chhin-chhiūⁿ lán keh-piah chng hit-ê Tiō gī-goân, kū-nî kā in a-kong a-má ê hûn-bōng sóa khì Phó͘-heng-chng soaⁿ, chit-má lí khòaⁿ siáⁿ-khoán？kan-nā kó͘-phiò 1 hāng tiòh thàn kah lah-lah-kiò, nā m̄-sī lín tông-chhong--ê kā khui-phòa, lāu-siáp thiaⁿ-ki, ná-ū khó-lêng chiah-nih sūn-sī tit châi-lī？Góa múi-jit nā m̄-sī tiàm koán-lāi kap lâng kái-ūn khòaⁿ peh-jī, chiū-sī lāi-soaⁿ táu-té leh cháu-chhōe miâ-hiat hó tē-lí, pò lâng lâi tit kong-bêng châi-lī,

tông-chhong--ê, khòaⁿ lí phok-sit kò͘-í, thâu-lō͘ chiàh beh 40 nî, iáu-sī pêng-pêng kòe jit, lí nā thiaⁿ góa-ê ōe, toh 1 kang kā lí pò 1 tiûⁿ hó-khang--ê ê tē-lí hō-lí tit, chiah chai góa chit-ê Khó poàn-sian ê lī-hāi, hó pêng-iú, bē kā lí phiàn--lah?

講是無 m̄ 著，不過若是斟酌注意，應該有好無 bái chiah 著，親像咱隔壁庄 hit-ê 趙議員，舊年 kā in 阿公阿媽 ê 墳墓徙去普興庄山，chit-mái 你看啥款？kan-na 股票一項就趁 kah lah-lah 叫，若 m̄ 是恁同窗--ê kā 開破，漏洩天機，哪有可能 chiah-nih 順序得財利？我每日若 m̄ 是 tiàm 館內 kap 人改運看八字，就是內山到底 leh 走揣名穴好地理，報人來得功名財利，同窗--ê，看你樸實古意，頭路食 beh 四十年，猶是平平過日，你若聽我 ê 話，toh 一工 kā 你報一場好空--ê ê 地理 hō 你得，chiah 知我 chit-ê 許半仙 ê 厲害，好朋友，bē kā 你騙--lah?

Hó pêng-iú, lāu tông-chhong, ū-iáⁿ bē kā góa phiàn, m̄-kú góa mn̄g--lí, kì-jiân ū hó khang--ê, lí ná-ē m̄ ka-tī tit?

好朋友，老同窗，有影 bē kā 我騙，m̄-kú 我問--你，既然有好空--ê，你哪 m̄ 家己得？

kî-sit Siau Lah-jih lāi-sim àm giâu-gî, siòng-miā-sian, khan hong-súi, khoàⁿ tē-lí--ê, chiah-ê chǹg-soaⁿ lêng, ūi siáⁿ-mih in ē 1 sì kêng--neh? siūⁿ khí góa hit-ê tông-chhong hiaⁿ-tī, pún-chiâⁿ mā-sī kó-ì choh-sit-lang 1 ê, kóng bô pē-kong tì-ìm sī bô-iáⁿ, put-kò sī-tōa pàng hō-i hit chiâⁿ kah tong ê chúi-chhân, mā-sī tiòh jit kāng mê piàⁿ bô-thêng, chá-àm lóng-sī kin-tòe thiⁿ-chhiⁿ leh chhia poàh péng, chiah ē-tàng kòe-jit, nî-tang nā sūn chiah ū-thang ǹg-bāng sīn-tām-pòh-á lâi chhun-chûn chò kî-tha ê lō-iōng, chhin-chhiūⁿ khí sin-chhù, hak chhân-hng, iah-sī kā hāu-seⁿ cha-bó-kiáⁿ chhoân bó-pún kap kè-chng, chóng--sī 1 ki chháu 1 tiám lō͘, ū-piàⁿ tiòh ū-thang-á chiah, seng-oah mā kòe-khì put-chí-á an-tēng.

其實 Siau Lah-jih 內心暗 giâu-gî[14]，相命仙、牽風水、看地理--ê，chiah-ê 鑽山龍，爲甚物 in 會一世窮呢？想起我 hit-ê 同窗兄弟，本 chiâⁿ 嘛是古意作稽人一个，講無爸母致蔭是無影，不過序大放 hō͘ 伊 hit chiâⁿ 甲當[15] ê 水田，嘛是著日 kāng 暝拚無停，早暗攏是跟 tòe 天星捘跋反，chiah 會當過日，年多若順，chiah 有 thang 向望剩--淡薄仔來伸存，做其他 ê 路用，親像起新厝、hak 田園、抑是 kā 後生查某囝攢某本 kap 嫁妝，總是一支草一點露，有拚就有 thang-á 食，生活嘛過去不止仔安定。

sî-tāi leh piàn, piàn kah hō͘ lí siūⁿ bē-kàu ê tāi-chì chin chiâⁿ chē, gún hit-ê tông-chhong--ê, in-ūi i-ê chhân khì hō͘ chèng-hú thiah chò nn̄g-koeh, hó-khang--ê chiông án-ni kàng-lîm i-ê sin-siōng, 1 tiâu 20 bí ê tōa lō͘ siòng chiong-chiong phòa kòe chhân tiong-ng, nn̄g-pêng ê thó͘-tē, chúi-chhân piàn kiàn-tē, i sûi-sī mā piàn-chò 1 ê chhân-kiâu-á. Lâng nā hó-giàh tiòh-ē pìⁿ kâu-lāng, piàn ū-liân chiū khí chak-lián, gún tông-chhong--ê chhân bô-ài koh chò, khai-sí chò táng-sū-tiúⁿ, bē chhia kiam sái Bian-juh, chhiaⁿ-iàⁿ nn̄g saⁿ nî, bóe-á soah tó-tàⁿ, ko͘-put saⁿ-chiong ōaⁿ keng-êng KTV, khó-sioh m̄-tiòh sî-ki, bô-gōa-kú iû-koh koaiⁿ-mn̂g tāi-kiat, bú khì 10 sò͘ nî, kan-na chhun 1 keng tiàm-thâu, chí-hó kap in khan--ê m̄-chiâⁿ seng-lí-á bóng chò, kóng sit-chhái, án-ni ê jit-chí pí kòe-khì choh-sit ū khah iâⁿ bô khah su, m̄-kú lâng

sim gû pak-tó͘, i sit-chhāi m̄-sìn-siàn, ná ē hó-ūn chiah-ni kín chiū piàn-
khoán khì, góa iā bô chò siaⁿ-mih pháiⁿ tek-hēng, tiāⁿ-tio̍h sī hong-súi
tē-lí ū siáⁿ-mih koh-iūⁿ ê khoán, m̄-chiah ùi kū-nî khai-sí pài-su ha̍k-
gē, kian-sim beh lâi siòng-miā, khoàⁿ-tē-lí khan hong-sui, ūi ka-tī ūi
pat-lâng, sì-kòe cháu-chhōe hó tē-lí hó hong-súi.

時代 leh 變，變 kah hō͘ 你想 bē 到 ê 代誌真正濟，阮 hit-ê
同窗--ê，因為伊 ê 田去 hō͘ 政府拆做兩 koeh[16]，好空--ê 從按呢
降臨伊 ê 身上，一條20米（公尺）ê 大路相 chiong-chiong[17] 破
過田中央，兩爿 ê 土地，水田變建地，伊隨時嘛變做1个田
僑仔[18]。人若好額就會變猴弄，變有 lián[19] 就起 chak-lián[20]，
阮同窗--ê 田無愛閣做，開始做董事長，賣車兼駛 bian-juh，
chhiaⁿ-iāⁿ[21] 兩三年，尾仔煞倒擔，姑不三將換經營 KTV，可
惜 m̄ 著時機，無偌久又閣關門大吉，舞去十數年，kan-na
chhun 一間店頭，只好 kap in 牽--ê m̄ 成生理仔罔做。講實在，
按呢 ê 日子比過去作穡有較贏無較輸，m̄-kú 人心牛腹肚，伊
實在 m̄ 信聖，哪會好運 chiah-nih 緊就變款去，我亦無做啥物
歹德行，定著是風水地理有啥物各樣 ê 款，m̄-chiah ùi 舊年開
始拜師學藝，堅心 beh 來相命、看地理、牽風水，為家己為
別人，四界走揣好地理好風水。

Sìn-gióng ê le̍k-liōng chiū-sī chiah-ni put-khó-su-gī, keng-kòe i-ê
hô-lùi-lùi ê kái-soeh, tiâu-tiâu lóng-sī chin-lí, hō͘ lí m̄-sìn mā-tio̍h sìn；
ōe kóng tò-tńg-lâi, bê-sìn ê kò͘-chip mā sī sú lâng kiaⁿ, kā kóng he "chǹg
soaⁿ lêng, chi̍t-sì kêng" ê goân-lí hō͘ i thiaⁿ, ná chhiūⁿ má-ni tong-
hong, bô khah choa̍h, nā koh hun-sek i hiān-chhú-sî ê keng-chè kap

ka-têng chhong-hóng, ū khah siong kám-chêng bô lí-sèng, i ná bē kám-kak, nn̄g-ê kiáⁿ lōng-lōng liù-liù, ang-bó͘ sù-siông leh oan-ke lô-chè, che kám m̄-sī ka-tī bô kè bô ōe só͘ chō-sêng--ê? koài siáⁿ-mih hong-súi tē-lí?

信仰 ê 力量就是 chiah-nih 不可思議，經過伊 ê 糊 lùi-lùi ê 解說，條條攏是真理，hō͘ 你 m̄ 信嘛著信；話講倒轉來，迷信 ê 固執嘛是使人驚，kā 講 he「鑽山龍，一世窮」ê 原理 hō͘ 伊聽，若像馬耳東風，無較 choàh，若閣分析伊現此時 ê 經濟 kap 家庭狀況，有較傷感情無理性，伊 哪 bē 感覺，兩 ê 囝浪浪 liù-liù，翁某四常冤家量債，che 敢 m̄ 是無計無劃所造成 --ê ？怪啥物風水地理？

Koh kóng lòh-khì, bô liáu-sî, beh kái-kiù ka-tī chí-ū khò chū-kí, pat-lâng ê ōe ná thiaⁿ ē jip, sī kim-giân giok-gí, ah ná thiaⁿ bē jip-hīⁿ？ m̄-tiòh ná káu leh pàng chhàu-phùi, "chhèng soaⁿ lêng, chit-sì kêng" bê-sìn ê sìn-gióng tiòh ka-tī chim-chiok, siòng-miā chhùi, tē-lí sian ê kiàn-gī, lóng-tiòh ka-tī se-jī chham-khó chiah thang chhái-iōng lòh-khì.

閣講落去，無了時，beh 解救家己只有自己，別人 ê 話若聽會入，是金言玉語，ah 若聽 bē 入耳，m̄ 著狗 leh 放臭屁，「鑽山龍，一世窮。」迷信 ê 信仰著家己斟酌，相命喙，地理仙 ê 建議，攏著家己 sè-jī 參考 chiah-thang 採用落去。

【註解】

1. hō-lí-hō-sō：[遊手好閒，無所事事]。
2. m̄-bat 相tn̄g：[不曾相遇]。
3. m̄ 信聖：[不信邪]。
4. thiau-kang：故意。
5. 10 thóng 年：[十幾年]。
6. 賺食：choán-chiah，m̄是趁食。
7. 才調：[能力]。
8. gī-niū：消遣。
9. he 抑thang？：[那怎麼可以？]
10. liōng-khó mài：[寧可不要]。
11. chhiau-chhek：整理安排。
12. 平平--ā：pêng-pêng--ā，普通普通無特別ê好bái。
13. 各樣：[異樣]。
14. giâu-gî：奇怪懷疑。
15. chiaⁿ 甲當：成甲地，[一甲左右的土地]。
16. 拆做兩koeh：[拆做兩截]。
17. 相chiong-chiong：[瞄得準準的]。
18. 田僑仔：好額ê作田人。
19. 變有lián：有能力應變。
20. chak-lián：作怪變花樣。
21. chhiaⁿ-iaⁿ：得意出風頭。

099

日頭赤iāⁿ-iāⁿ[1]，隨人顧性命。

拍火鳥----泰雅族紅喙筆仔ê故事。

　　古早古早，泰雅族tòa ê地區，有一工發生森林大火災，連燒幾若暝日，狀況非常危急，森林是鳥隻、野獸ê故鄉，內底成長誠濟in生存需要ê食物，樹林、野草若是燒了了，m̄但無thang歇岫，嘛無thang chhōe食，嚴重威脅著in-ê活命。顧山頭安全ê山神，趕緊調集所有ê飛鳥野獸，開會決定搶救森林火災ê辦法，呼籲[2]逐家著同心協力，為著咱ê安全活命，逐家一定愛認真來救火，m̄-thang自私驚死，kan-na知影保護家己，存有「日頭赤iāⁿ-iāⁿ，隨人顧性命」ê自私心理，按呢咱ê家鄉chiah-bē hō͘無情ê大火燒kah孤khùt[3]，變成無性命力ê火燒埔。

　　雖然山神緊急調集，總是自私本成就是生物（人）ê本性，閣再講，大部分ê動物生成就是驚火，看著chiah-nih炎ê大火災，逐家攏嘛驚kah gī-gī-chùn，啥物是同心協力，啥物是坐仝船載--ê[4]，隨時bē記得了了，隨ê四散逃命，煞真正有影「日頭赤iāⁿ-iāⁿ，隨人顧性命」，為著家己ê安全，無人願意冒險去救火，平時上gâu展伊gâu走ê兔仔，chit-pái

真正走第一，m̄ 認輸ê hit 隻龜嘛tòe 後壁 khòk-khòk-chông，飛鼠是那飛那走，m̄ 敢越頭看，恐驚會去 hō͘ 火舌 nah-tio̍h[5]，會變 niáu 鼠仔巴[6]，烏鴉仔是驚 kah 險仔滲尿，kan-na 會曉 ah ah.ah.ah. 一直吼無歇，hit 種恐怖，連溪谷水內ê 魚蝦水族，攏 m̄ 敢 giâ 頭，覕覕 toeh 水底去。

Chit-ê 時陣，只剩紅喙筆仔留落來，in 無驚惶，心情鎮靜，有計畫有秩序開始動員剩落來ê 族群，按照山神ê 指揮來進行滅火ê 工課，有ê 開防火巷，chiah-bē hō͘ 火災繼續湠開；有ê 利用 in-ê 雙跤 kap 喙 pe，kā tóh 火[7]ê 樹枝過斷[8]，mài hō͘ 閣再 tóh 落去，因爲 in 逐家 m̄ 驚艱苦，無惜性命拍拚救火，最後 chiah kā 火拍 hoa 去[9]。

Tī 拍火救災ê 過程中間，紅喙畢仔ê 族群出上濟力，上蓋拍拚 m̄ 驚死，死命拍火，煞 hō͘ 火舌 nā kah 規身軀全是傷痕，喙 pe kap 兩肢跤骨燒 kah 紅 kì-kì，其他ê 羽衣嘛 hō͘ 火燻燻 kah 烏 sô-sô，就是親像咱 chit-má 看著--ê chit 款模樣，che 就是紅喙筆仔號名ê 因由。

因爲紅喙畢仔 in-ê 出生入死，勇敢拚命救火，chiah 將一場可怕ê 森林大火消滅，保全逐家倚靠活命ê 家園。山神爲著紀念紅喙畢仔冒險救火ê 精神，tī 慶功褒獎ê 同時，嘛賞賜 in「拍火鳥」ê 美名，閣 hō͘ in-ê 囝孫，世世代代攏 kap in-ê 祖先全款，喙 pe 紅紅，雙跤嘛紅紅，配合規身軀ê 羽衣烏金烏金，美麗非常。紅喙筆仔「拍火鳥」ê 美名自按呢流傳到 chit-kú[10]。

【註解】

1. 赤 iāⁿ-iāⁿ：赤焱焱。
2. 呼籲：hơ-iok。
3. 孤 khùt：斷種。
4. 坐全船載--ê：[同舟一命]。
5. nah-tiòh：[被火舌波及]。
6. niáu 鼠仔巴：[烤老鼠成老鼠乾]。
7. tòh 火：[著火]。
8. 遏斷：at-tīg，[折斷]。
9. 拍 hoa 去：[把火滅熄]。
10. chit-kú：chit-mái，現在。

100

Jı̍t-jı̍t nn̄g-tǹg chhi^n[1], sa^n-tǹg chian[2].

* 兩頓鮮（星），三頓煎。

Gún sī lo̍k-thian khó͘-miā ê chò-sit-lâng,

Múi-jı̍t phah-piàⁿ ūi ka-tī, ūi pa̍t-lâng,

Sui-jiân m̄-chai siáⁿ-mih sī gún-ê hi-bāng,

Múi-jı̍t iú-goân jīn-chin phah-piàⁿ bô liáu kang.

Thàu-chá thiⁿ bōe kng,

Thiⁿ-chhiⁿ lia̍p-lia̍p bêng,

Pôe gún khì chhân-hn̂g,

Chò kah thiⁿ-kng chia̍h chá-tǹg,

Chia̍h-pá tio̍h-koh lo̍h chhân-hn̂g,

jı̍t-thâu chhut-lâi chian,

thiⁿ-chhiⁿ tńg-khì hioh-khùn；

Iām-thiⁿ chhiah jı̍t-thâu,

Siōng kan-khó͘ tio̍h-sī jı̍t tiong-tàu,

Kiaⁿ joa̍h thǹg-pak-theh,

36 tō͘ C ê jia̍t-tō͘,

kā lâng chian kah ná bah-pó͘,

chhân-hn̂g sī hóe-sio-po͘,

Gún-ê sin-khu（seng-khu）sī pha̍k-kah o͘-o͘-o͘,

hî nā chian liáu kòe-hóe soah piàn hóe-tîn-lơ；
jit-thâu nā lóh-hái,
kúi-á tióh chhut-lâi pàng-sái,
iau-siū, thiⁿ.ná-ē chiah-nih àm,
siu-kang beh lâi tńg, kám ū khoàiⁿ-lō͘,
hó-ka-chài, thiⁿ-chhiⁿ liáu-kái gún-ê khùn-khó͘,
iû-goân kap ē-chá-khí kāng-khoán, kā gún chhiō-lō͘,
to-chêng ê hóe-kim-kơ, í-keng tiám teng-hóe lâi kā gún chhōa-lō͘.
「jit-jit nn̄g-tǹg chhiⁿ, saⁿ-tǹg chian,」
Gún sī lók-thian jīn-miā ê choh-chhân-hu,
「jit-jit nn̄g-tǹg chhiⁿ, saⁿ-tǹg chian,」
Gún mā bô-leh hoah kan-khó͘,
‧‧‧

阮是樂天苦命ê作穡人，
每日拍拚爲家己、爲別人，
雖然m̄知啥物是阮ê希望，
每日猶原認眞拍拚無了工，
透早天未光，
天星粒粒明，
陪阮去田園，
做到天光食早頓，
食飽就閣落田園，
日頭出來煎，
天星轉去歇眠；

炎天赤日頭，

上艱苦就是日中晝，

驚熱裼腹裼，

36度C ê 熱度，

Kā 人煎 kah 那肉脯，

田園是火燒埔，

阮 ê 身軀是曝 kah 烏烏烏，

魚若煎了過火煞變火塵 lo͘[3]；

日頭若落海，

鬼仔就出來放屎，

夭壽，天.哪會 chiah-nih 暗烏，

收工 beh 來轉，敢有 khoàiⁿ 路[4]？

好佳哉，天星了解阮 ê 困苦，

猶原 kap 下早起仝款，kā 阮 chhiō 路[5]，

多情 ê 火金蛄，已經點燈火來 kā 阮 chhōa 路[6]；

「日日兩頓 chhiⁿ，三頓 chian」，

阮是樂天認命 ê 作田夫，

「日日兩頓星（鮮），三頓煎」，阮嘛無 leh 喝艱苦，

食苦當做食補，

你看阮 ê 身體粗勇若金剛，

「日日兩頓鮮，三頓煎」，

有影--啦！

beh 食青菜免驚無，

田裡現挽上蓋鮮，

beh 食茶脯煎卵嘛是有，

不過 m̄ 是定定有 chit-lō 羹頓。

「日日兩頓鮮，三頓煎」，

早出門，晏轉厝[7]，

滿天星，無鬱卒，

日頭赤 iāⁿ-iāⁿ，煎 kah 烏焦瘦[8]，

全款歡喜、認命、拍拚、啥物攏 m̄ 驚。

【註解】

1. jit-jit nn̄g-tǹg chhiⁿ：日日兩頓鮮（星），雙關語。

2. saⁿ-tǹg chian：三頓煎，是煎魚，抑是煎人 ê 身軀。

3. 火塵 lo͘：[鍋子被火燒燻留下 ê 炭渣]。

4. khoàiⁿ 路：看見路。

5. chhiō 路：[照路]。

6. chhōa 路：[帶路]。

7. 晏轉厝：oàⁿ-tńg-chhù，[晚回家]。

8. 烏焦瘦：[又黑又瘦乾巴巴的]。

國家圖書館出版品預行編目資料

台灣俗語鹹酸甜. 第四冊 / 蕭平治著. -- 初版. -- 臺
北市：前衛, 2020.01
面；公分

ISBN 978-957-801-886-0（平裝）

1. 俗語　2.臺語

539.6　　　　　　　　　　　　　　108011270

台灣俗語鹹酸甜　第四冊

作　　者　蕭平治
責任編輯　番仔火
美術編輯　宸遠彩藝
封面設計　王藝君

出 版 者　前衛出版社
　　　　　10468 台北市中山區農安街153號4樓之3
　　　　　電話：02-25865708｜傳眞：02-25863758
　　　　　郵撥帳號：05625551
　　　　　購書・業務信箱：a4791@ms15.hinet.net
　　　　　投稿・代理信箱：avanguardbook@gmail.com
　　　　　官方網站：http://www.avanguard.com.tw
出版總監　林文欽
法律顧問　南國春秋法律事務所
總 經 銷　紅螞蟻圖書有限公司
　　　　　11494 台北市內湖區舊宗路二段121巷19號
　　　　　電話：02-27953656｜傳眞：02-27954100
出版日期　2020年01月初版一刷

定　　價　新台幣300元

©Avanguard Publishing House 2020
Printed in Taiwan　ISBN 978-957-801-886-0

＊請上『前衛出版社』臉書專頁按讚，獲得更多書籍、活動資訊
　https://www.facebook.com/AVANGUARDTaiwan